新时代大学生德育教育工作研究

王娅梅　著

吉林大学出版社

·长春·

图书在版编目（CIP）数据

新时代大学生德育教育工作研究 / 王娅梅著 . —— 长春 : 吉林大学出版社，2022.8
ISBN 978-7-5768-1123-0

Ⅰ. ①新… Ⅱ. ①王… Ⅲ. ①大学生 – 德育 – 研究 – 中国 Ⅳ. ①G641

中国版本图书馆 CIP 数据核字（2022）第 226012 号

书　　名　新时代大学生德育教育工作研究
　　　　　XINSHIDAI DAXUESHENG DEYU JIAOYU GONGZUO YANJIU

作　者：王娅梅
策划编辑：矫正
责任编辑：矫正
责任校对：田茂生
装帧设计：久利图文
出版发行：吉林大学出版社
社　　址：长春市人民大街 4059 号
邮政编码：130021
发行电话：0431-89580028/29/21
网　　址：http://www.jlup.com.cn
电子邮箱：jdcbs@jlu.edu.cn
印　　刷：天津和萱印刷有限公司
开　　本：787mm×1092mm　　1/16
印　　张：12.25
字　　数：200 千字
版　　次：2023年6月　　　第 1 版
印　　次：2023年6月　　　第 1 次
书　　号：ISBN 978-7-5768-1123-0
定　　价：68.00 元

前　言

　　党的十八大开启了中国特色社会主义新时代。在新的时代格局下，机遇与挑战并存，各种复杂思潮也随之产生。当前，世界正面临着"百年未有之大变局"，我国也正处于经济社会大发展、大变革的转型发展关键时期，人才作为第一资源所发挥的重要作用日益凸显。人才质量已成为关乎个人成败、国家命运和民族兴衰的重要因素。着眼于中国梦的实现，培养立场坚定、高质量的社会主义事业的建设者和接班人是新时代高校的首要任务。

　　大学生是最富有创造性的青年群体，他们的思想政治素质如何，在很大程度上决定着一个社会未来的前进方向。作为这一重要群体构成细胞的单个大学生，其思想政治素质怎样，往往深刻地影响着大学生整体的精神风貌。大学生思想政治素质的提升，尤为需要大学生德育工作的引导和帮助。因此，为了进一步加强和改进大学生德育工作，必须满足作为"现实的个人"的大学生对德育工作提出的发展诉求。随着中国特色社会主义进入新时代，我国社会主要矛盾发生了深刻变化，全面建设社会主义现代化国家正起步开局。在大学生身处的现实环境已然发生显著变化的今天，他们自身的政治意识、道德倾向、价值标准、健康理念、心理状态、审美追求和劳动态度自然也发生着深刻改变，这些都对高校德育工作提出了新的要求。

　　针对新时代大学生德育工作存在的问题，党的十九大报告对于大学生德育工作提出了三大要求：一是培养新时代中国特色社会主义思想品德；二是塑造新时代中国特色社会主义理想人格；三是引导新时代中国特色社会主义行为实践。这些要求为新时代大学生群体的德育工作指明了方向。习近平总书记关于新时代青年工作、德育工作等一系列重要论述，又为今后高校德育工作赋予了新的内涵。习近平总书记指出，高校人才培养要以德育工作为支撑，坚持立德树人，遵循"八个相统一"基本要求，实现全员育人、全过程育人、全方位育人的新格局，实现"五位一体"战略布局。在现实因素不断变化的情况下，有必要对当前大学生群体的德育工作进行再审视、再研究。因此，与时俱进，丰富和完善新时代大学生德育工作迫在眉睫。

本书以新时代的内涵阐释为开端，从整体上对新时代大学生德育工作进行概述；立足德育工作的学科视野，详细阐述新时代大学生德育工作的理论基础；梳理改革开放以来大学生德育工作制度建设的历史进程，并总结基本经验，为切实提升新时代大学生德育工作实效提供现实依据；研究新时代大学生的群体特征，分析新时代大学生德育工作存在的问题及成因；在此基础上，有针对性地提出解决问题的办法，即新时代大学生要做到理念创新、内容创新和方法创新，切实提升新时代大学生德育工作的成效。

本书对新时代大学生德育工作的理念、内容和方法创新提出了研究策略和具体实施办法，对提升大学生德育工作的科学性和实效性，促进和保障大学生健康成长，具有十分重要的理论创新意义和实践应用价值。由于水平所限，本书还存在许多不足之处，在以后的工作中，笔者将持续进行大学生德育工作的研究，为提高高校德育工作实效性，促进大学生成长成才贡献力量。

目　录

第一章　新时代大学生德育工作概述

　　要加强对新时代大学生的德育工作，唯有充分领会新时代的概念和内涵，才能更好地发挥高校德育工作对新时代大学生道德观、价值观等的正确引导和塑造。一般意义上而言，时代是表示特定社会历史发展阶段的历史范畴，不同时代的划分依据，往往与该阶段的政治、经济、文化状况密不可分，不同的历史节点基于社会主要矛盾的变化和社会发展的具体情况，都会有一个时间阶段的划分。因此，本章从新时代的内涵切入，界定相关概念及内涵，阐述新时代大学生德育工作的价值，剖析新时代大学生德育工作面临的新机遇，从整体上对新时代大学生德育工作进行概述，为全书的研究做认知层面的铺垫。

一、相关概念界定及内涵阐释

（一）新时代的内涵

　　2017 年 10 月 18 日，习近平总书记在中国共产党第十九次全国代表大会上的报告中强调："经过长期努力，中国特色社会主义进入了新时代，这是我国发展新的历史方位。""这个新时代，是承前启后、继往开来、在新的历史条件下继续夺取新时代中国特色社会主义伟大胜利的时代，是决胜全面建成小康社会、进而全面建设社会主义现代化强国的时代，是全国各族人民团结奋斗、不断创造美好生活、逐步实现全体人民共同富裕的时代，是全体中华儿女勠力同心、奋力实现中华民族伟大复兴中国梦的时代，是我国日益走近世界舞台中央、不断为人类做出更大贡献的时代。"①

---

① 习近平. 决胜全面建成小康社会 夺取新时代中国特色社会主义伟大胜利——在中国共产党第十九次全国代表大会上的报告 [N]. 光明日报，2017-10-28.

习近平总书记对新时代的内涵做出了高度凝练的概括总结，五个"时代"分别对应着新时代的历史脉络、实践主题、人民性、民族性和世界性，我们从可以这五个维度把握中国特色社会主义新时代的内涵。

1. 历史维度的新时代内涵

从历史脉络看，这个时代是继往开来、承上启下的，它是在新的历史条件下继续夺取新时代中国特色社会主义伟大胜利的"新时代"。自改革开放以来，中国特色社会主义就是党的全部理论和实践的主题，中国特色社会主义是在实践中不断完善和发展并具有生命特征的形态。如今，中国特色社会主义的发展历程可以分为三个阶段：第一个阶段是从十一届三中全会、党的十二大到党的十五大，形成和确立了邓小平理论，解决了人民的温饱问题，人民生活总体达到小康水平；第二个阶段是从党的十五大到党的十七大，形成和确立了"三个代表"重要思想和科学发展观，小康社会开始全面建设；第三个阶段是从党的十八大以来至今，形成和确立了习近平新时代中国特色社会主义思想，全面建成了小康社会，掀开了全面建设社会主义现代化国家的新篇章。

2. 实践维度的新时代内涵

从实践主题看，这个时代是我们党全面建成小康社会，进而全面建成社会主义现代化强国的"新时代"。中国改革经历了一段加速发展的历程，它是由小变化到中变化，再到大变化的。1985年9月，邓小平说："现在人们说中国发生了明显的变化。我对一些外宾说，这只是小变化。翻两番，达到小康水平，可以说是中变化。到下世纪中叶，能够接近世界发达国家的水平，那才是大变化。到那时，社会主义中国的分量和作用就不同了，我们就可以对人类有较大的贡献。"① 中国特色社会主义的发展经过长期以来的量的积累，逐渐迎来了质的变化，正如党的十九大报告指出："五年来的成就是全方位的、开创性的，五年来的变革是深层次的、根本性的。"② 在我国综合国力、国际影响力和人民幸福感显著提升的基础上，党的十九大报告制定了新时代中国特色社会主义发展战略，即2020年全面建成小康

---

① 邓小平. 邓小平文选（第三卷）[M]. 北京：人民出版社，1993：143.

② 习近平. 决胜全面建成小康社会 夺取新时代中国特色社会主义伟大胜利——在中国共产党第十九次全国代表大会上的报告[N]. 光明日报，2017-10-28.

社会，2035 年基本实现社会主义现代化，21 世纪中叶建成富强民主文明和谐美丽的社会主义现代化强国。

3. 人民维度的新时代内涵

从新时代的人民性看，这个时代是人民建造美好家园、实现共同富裕的"新时代"。党的十九大报告指出："我国社会主要矛盾已经转化为人民日益增长的美好生活需要和不平衡不充分的发展之间的矛盾。"[①] 新时代我国的主要矛盾发生了重大转变，国家走向了新的发展历程，人民走向了新的美好生活。新时代的中国要解决好眼前问题才能得以更大的发展。只有解决了人民最关心的问题，人民的生活水平才会提高，才能实现共同富裕。

4. 民族维度的新时代内涵

从新时代的民族性看，这个时代是我们全体中华儿女勠力同心去实现中华民族伟大复兴中国梦的新时代。鸦片战争后，中国逐步陷入了半殖民地半封建社会，实现中华民族伟大复兴从此成为近代以来中华民族最伟大的梦想。中国人民不断开拓、不断创新、积极进取，在探索的过程中成立了中国共产党。中国共产党努力奋进，把握新时代的新时机，奠定了政治发展的根本基础，成为中华民族新时期的中坚力量。在中国共产党的带领下，中国人民彻底推翻帝国主义、封建主义和官僚资本主义"三座大山"，完成了新民主主义革命，建立了中华人民共和国，结束了中国几千年的封建社会。中国共产党领导人民进行了伟大革命，确立了社会主义基本制度，为中国的繁荣发展奠定了政治和制度基础，使中华民族迎来了从站起来、富起来到强起来的质的飞跃，迎来了实现中华民族伟大复兴的光明前景。

5. 世界维度的新时代内涵

从新时代的世界性看，这个时代是我国日益走近世界舞台中央，不断为人类做出更大贡献的新时代。党的十八大至今，中国的经济实力迅速提升，经济总量稳居世界第二，成为推动世界经济增长的重要力量。习近平总书记提出人类命运共同体理念及"一带一路"倡议，受到国际社会和"一带一路"沿线国家的大力支持，中国已经成为推动、维护世界和平发展的引领者。中华文化的影响力日益增强，为中国特色社会主义事业的发展指明了方向，

---

① 习近平. 决胜全面建成小康社会 夺取新时代中国特色社会主义伟大胜利——在中国共产党第十九次全国代表大会上的报告 [N]. 光明日报，2017-10-28.

提供了选择，贡献了力量。中国特色社会主义拓展了发展中国家走向现代化的途径，给世界上那些既希望加快发展又希望保持自身独立性的国家和民族提供了全新选择，为解决人类问题贡献了中国智慧和中国方案。

在这个新时代背景下，研究大学生德育工作途径和方法创新策略，并逐渐按照新方法对大学生进行德育工作任重而道远。

（二）大学生德育工作及其价值的概念界定

1. 德育工作

基于不同的视角，"德育工作"这一概念有不同的界定。从本质上来看，德育工作是一种兼具政治目的性、手段多样性和超越性的实践活动；从功能上来看，德育工作具有意识形态功能和非意识形态功能，是政治性与科学性的统一；从表现形式和特点上来看，德育工作除了意识形态特性以外，还表现出渗透性、主体性、与时俱进性，以及主体各要素的内在联系性特点。此外，还有些学者将其归纳为施加论、内化论及需要论。

基于此，本书对德育工作的概念理解为："德育工作是指社会或社会群体用一定的思想观念、政治观点、道德规范，对其成员施加有目的、有计划、有组织的影响，并促使其自主地接受这种影响，从而形成符合一定社会一定阶级所需要的思想品德的社会实践活动。"① 换言之，德育工作是将马克思主义基本观点与中国实际相结合，教育者将正确的政治观点、思想观念、道德规范传授于受教育者，为社会培养出符合新时代社会预期的道德品质的人才而进行的教育活动。德育工作是有效社会活动的重要组成部分，是社会健康发展不可或缺的内容。

2. 大学生德育工作

大学生德育工作是高校教育工作者运用科学的理论，通过向大学生施加有目的、有计划、有组织的影响，促使他们自觉地接受这种影响，进而树立起共产主义的崇高信念、中国特色社会主义的共同理想和社会主义核心价值观的一种实践活动，其核心是政治教育。大学生德育工作是德育工作的一个分支，是以马克思主义理论为指导，并随着社会进步不断丰富完善的；是以大学生为特定的教育对象，运用强大的理论体系来武装大学生

---

① 陈万柏，张耀灿. 德育工作学原理 [M]. 北京：高等教育出版社，2015：4.

的思想和指导他们行为的活动。这就意味着大学生的德育工作不仅具备德育工作应当具备的典型特征，还包含一些个性化特征。对于大学生而言，其不仅拥有较为复杂的思想情感，还会伴随着客观环境的改变而不断发生变化。而客观环境自身的变化也存在着一定的规律性，这种变化来源于社会方面、政治方面，抑或是经济方面，这也就意味着，大学生的思想活动必然有规律可循，能够通过一定的方法，实现对其的认知和掌握。因此，大学生德育工作本身也具备典型的规律性特征，必须充分把握其思想发展变化这一客观规律。

3. 德育工作价值

"价值"是人类社会生活普遍存在的一种现象，古人很早便开始了对"价值"问题的思考。中国古代的义利之争或理欲之争，古代西方关于善与恶、正义与非正义、美与丑的关注，都显示出人们对具体事物"好"或"不好"的价值认识。受历史条件的限制，过去人们对价值问题的理解没有由个别上升为特殊，价值判断与事实判断在他们那里是同一个东西。随着西方近代自然科学大发展以来，一些哲学家开始从一般价值角度探讨价值问题。西方逐渐形成了价值学这一研究价值和价值理论的哲学分支，但是从"总体上看，在他们对问题的理解和处理上，唯心主义和机械论的倾向是其主导的方面"[①]。真正揭示了一般价值本质的是马克思主义。马克思主义价值理论认为，价值现象普遍存在于社会生活领域，是一个历史概念，并通过不同主体的不同实践方式表现出来。价值绝非客观事物本身或者客观事物所具有的某种属性，它不是一个实体范畴，而是主体与客体之间的一种关系范畴。马克思在人类生产生活的意义上就曾强调："'价值'这个普遍的概念是从人们对待满足他们需要的外界物的关系中产生的。"[②]他还指出："人在把成为满足他的需要的资料的外界物……进行估价，赋予它们以价值或使它们具有'价值'属性……"[③]可见，"价值"正是主体与客体产生

---

① 马俊峰. 马克思主义价值理论研究 [M]. 北京：北京师范大学出版社，2012：11.

② 中共中央马克思恩格斯列宁斯大林著作编译局编译. 马克思恩格斯全集（第19卷）[M]. 北京：人民出版社，1963：406.

③ 中共中央马克思恩格斯列宁斯大林著作编译局编译. 马克思恩格斯全集（第19卷）[M]. 北京：人民出版社，1963：409.

了一定联系，形成了一定关系时，因客体的属性满足了相应主体的需要而实现的。因此，我们要充分地认识到"价值"是实践性与历史性、主体性与客观性、多样性和特殊性的辩证统一。

德育工作是一定的阶级、社会、组织、群众与其成员，通过多种方式开展思想、情感的交流互动，引导其成员吸纳、认同一定社会的思想观念、政治观点、道德规范，促进其成员知、情、意、信、行均衡协调发展和思想品德自主建构的社会实践活动。[①]自阶级产生以来，作为一项重要的社会实践活动，德育工作在不同历史时期及其不同的发展阶段，为维护一定的阶级、社会、组织、群众及其成员的利益，都形成了相应的地位和作用，具有不同程度的价值。那么，如何理解它的价值？当前，学界对其价值的定义大体分为两种。一是借鉴价值哲学理论和立足德育工作事实，在人与社会双重价值主体建构上，将其理解为一种肯定的意义关系[②]；二是把德育工作价值理解为一种效益关系，并认为德育工作价值主客体之间的效益关系有四类，即高效益关系、一般效益关系、低效益关系和无效益关系[③]。实际上，无论哪种表述都阐明了德育工作的价值是一个关系范畴，特别强调了我国德育工作在促进人的全面发展和社会全面进步上的一致性，只是对于不同价值主体具有不同的特殊表现形式。在借鉴已有研究的基础上，我们认为，所谓德育工作价值是指，德育工作在教育活动中以自身的属性满足主体发展需要的效益关系。理解这一内涵，可以从以下三个方面来把握。

（1）德育工作价值的主体是人和社会

德育工作的价值，是在满足一定社会及其成员需要的基础上产生的。在阶级社会中，德育工作归根到底是为统治阶级的根本利益服务的，统治阶级总是用占统治地位的思想来影响该社会的群体与成员。一个社会内部所包含的不同阶级、集团和个人的社会总体，就是德育工作价值主体的活动和存在形式。概括起来，我们可以把德育工作价值主体归纳为两种：社会价值主体与个体价值主体。第一，德育工作价值概念中的主体既可以是

① 张耀灿. 对"思想政治教育原理"的重新审视 [J]. 学校党建与思想教育，2011（28）：10-13.

② 项久雨. 思想政治教育价值论 [M]. 北京：中国社会科学出版社，2003：32.

③ 王丽. 思想政治教育价值结构研究 [M]. 北京：中央编译出版社，2019.

处于一定历史条件下的社会主体，也可以是单个社会成员。在这个意义上，由于价值主体自身所处的现实状态及需要的发生根源不同，因而对德育工作提出的价值诉求势必不同。所以，我们必须要"具体价值主体具体分析"，客观分析相应价值主体的利益与需要、目标与能力、权利与义务。第二，作为价值主体的人和社会既密切联系，又严格区别。社会价值主体对德育工作提出的发展需要不但体现在经济、政治、文化、生态等方面，还对其社会成员的思想政治素质提出了一定要求。当个体作为价值主体时，其不仅具有作为自然个体的需要，还存在着作为社会个体的需要，每个社会成员对德育工作提出的生存、发展和享受需要都是不尽相同的，因此德育工作对于不同的人具有不同的价值。

（2）德育工作价值的客体是德育工作实践活动

德育工作价值概念中的客体是作为一种教育活动的德育工作，其本质属性的规定，会影响着自身价值的发挥。第一，意识形态性是德育工作的本质属性，这就意味着现存资产阶级与代表人类未来前景的无产阶级的德育工作有着根本区别。与前者代表剥削阶级、少数人利益的意识形态所不同的是，无产阶级德育工作是为绝大多数人服务的，由此产生的价值是符合人的全面发展和社会全面进步的。第二，德育工作的实践性决定了自身的价值发生、价值创造、价值发展、价值评价等一系列价值周期运动的鲜活底色。教育实践活动，是德育工作价值客观存在的来源、基础和目的。只有在教育实践活动中，才可能使一定的价值主体再现出德育工作的效益程度和大小，进而创造、展现、评价、再创造、再展现、再评价德育工作的价值，最终认定其价值是否满足自身的需要及是否符合价值目标。第三，社会性决定了德育工作总是在一定的社会关系和社会条件下实现自身的价值，总是要适应一定社会的要求来培养满足社会所需要的成员。由于社会分工形成了不同的社会职业，因而对不同人群开展德育工作，势必会产生不同类型的价值。比如：从社会群体来看，有之于工人的价值、之于干部的价值、之于大学生的价值；从个体来看，有之于个体工人的价值、之于个体农民的价值、之于个体大学生的价值；等等。总之，德育工作实践活动的开展，需要覆盖不同类型的个体与群体，才能较好地使自身的价值效益实现最大化、最优化。

（3）德育工作价值的实质是产生价值客体的属性满足价值主体需要的效益关系

如何研判德育工作价值的实质？一是要明确价值主体的需要是什么，二是要看价值客体的属性是否发挥，三是要判定前两个方面是否契合，它们构成的效益关系是否形成。第一，作为价值客体的德育工作实践活动，其教育目标、内容和方法等的制定与实施往往取决于自身的本质属性，价值主客体效益关系的形成，尤为需要德育工作本质属性的规定和制约。第二，一定价值主体的需要得到了德育工作本质属性的规定和制约之后，自然会在实践中得到不同程度的满足，产生相应的价值。比如，当德育工作与个人形成一定的满足与被满足的效益关系时，就产生了个体价值。第三，把握德育工作价值实质的关键在于确定"效益关系"。"效益关系"表明了德育工作的价值主客体关系状态"是一个以主体尺度为尺度的概念……在效益中，主体的需要和目的不再是'应该'的和'可能'的东西，而是'已经'的和'现实'的"①。也就是说，德育工作的价值在丰富多样的教育实践中，实现了由"潜"到"显"的质变转化，让相应价值主体明白了德育工作对自己的意义，并且由内而外地体现了德育工作的作用。同时，"效益关系"还客观地呈现了价值的程度和大小。价值的产生和实现不仅要有益于相应的德育工作价值主体，也要符合德育工作的本质属性，这样其效益关系才可能呈现出高效益、正效益或积极效益等"好"的效益程度和大小；否则，就会是低效益、负效益或消极效益等"不好"的效益程度和大小。

总而言之，正确理解和把握德育工作价值的内涵，既要明确不同价值主体的不同需要，在个人与群体、个人与社会之间寻找契合点和平衡点，也要认真研判如何满足个人的特殊需要，形成稳定的效益关系，更要覆盖人们社会生活的方方面面，对不同实践对象积极开展相应的德育工作实践活动，推动德育工作价值的不断深化。唯有如此，德育工作才能通过较好地满足人的全面发展和社会的全面进步，有效地实现自身的价值。在这个意义上，研究大学生德育工作个体价值就是题中之义。

---

① 李德顺. 价值论：一种主体性的研究 [M]. 北京：中国人民大学出版社，2013：45.

4. 大学生德育工作个体价值

所谓大学生德育工作，就是高等教育相关部门和高校教职员工按照一定的社会要求，遵循大学生的思想行为特征和成长发展规律，通过科学的教育、管理、服务等职能方式，培养大学生思想水平、政治觉悟、道德品质、文化素养的德育工作。根据前面的论述，可以做出这样的规定：所谓大学生德育工作个体价值，是指德育工作根据一定的社会发展需要，对大学生思想政治素质提出要求，在教育活动中以自身的属性满足大学生发展需要的效益关系。

（1）大学生德育工作个体价值的主体是个体大学生

如果每个大学生的思想政治素质都能得到大学生德育工作的引导、满足、提升和保持，其就能够成为个体价值的主体。单个大学生构成个体价值的主体，可以从这几个方面来理解：第一，特指单个大学生。从一般意义上来看，作为"现实的个人"的大学生，构成个体价值的唯一主体。换句话说，个体价值的主体是在大学生德育工作一切教育实践活动中，需要得到满足的单个大学生。第二，一个个大学生组成了大学生群体，这一群体也孕育着单个大学生。一个个大学生不是抽象原子式的个体，而是社会群体的重要组成部分，即构成大学生群体的大学生个体。他们的需要既发端于个人学习生活的实际需要及社会化需要，也源自大学生群体赋予自身的群际需要。第三，不同的大学生个体的思想政治素质发展需要不同。这些需要的满足不是任意的，而是特指单个大学生以教育活动为基础和载体，得到大学生德育工作各构成要素及其相互作用关系直接或间接的影响而满足的需要。此外，值得注意的是，当大学生个体在进行自我教育时，大学生德育工作个体价值的主体具有二重性。单个大学生在思想意识上把自己一分为二，把自己既当作教育者又当作受教育者，这时他既是个体价值的主体，又是个体价值的客体。这并不矛盾，实际上这就是大学生德育工作实践活动的方式之一。只要大学生自己能够正确地进行自我教育，并且满足了自身的需要，产生了符合社会要求的思想和行为，就能以价值主体和价值客体的双重身份共同建构个体价值。

（2）大学生德育工作个体价值的客体是大学生德育工作实践活动

普遍来讲，大学生心智还不成熟，社会经验不足，自制力比较薄弱，因此只有不断加强大学生德育工作，才能强化每个大学生的理性辨别能力，帮助其抵御不良信息的侵扰，提高其在未来社会存续和发展的能力。大学生德育工作正是在这一持续育人的过程中，提高了大学生个体上述的综合能力和素质，从而使其成为个体价值的客体，发挥出个体价值"供给侧"的重要作用。第一，从本质属性来看，大学生德育工作具有政治性、主导性、创造性和超越性等本质属性，它不仅承担着培养每个大学生形成社会所要求的思想政治素质的任务，也以自身的属性与每个大学生成长成熟成才的需要相一致、相契合，"培养社会主义事业的合格建设者和可靠接班人是大学生德育工作对社会需要的回应，这与大学生自身成长成才的需要之间是一致的。"[①] 第二，从育人功能来看，按照一定的社会要求，大学生德育工作在引导、满足、提升和保持每个大学生的思想政治素质时，就已经转化成了大学生德育工作个体价值的"供给方"。第三，从育人过程来看，大学生德育工作总是在实践前后树立目标、制定方案、确定内容、选择方法和评估效果等。这些作为，就是为了让每位大学生有理想、有本领、有担当，这样国家才有前途，民族才有希望。相反，如果大学生德育工作"消极怠慢、保守僵化、故步自封，那么它就不能构成个体价值的客体，就不能作为个体价值创造活动的供给方而存在。

（3）大学生德育工作个体价值的实质是产生大学生德育工作的属性满足大学生个体需要的效益关系

能否形成效益关系，是判断大学生德育工作个体价值能否产生和实现的关键。大学生德育工作在满足大学生个体成才需要的过程中，由于受各种正面、负面因素的影响，满足需要的程度就出现了三个层次：高价值、中等价值和低价值。[②] 高价值，即大学生个体的高需要得到强属性的大学生德育工作的满足，形成的效益关系稳定、持续、牢靠。中等价值，即大学生德育工作的部分属性满足了大学生个体的部分需要，使得这一效益关系不充分、不平衡。而低价值，则是大学生德育工作具有的属性较少甚至没有充分满足大学生个体的需要，因而这样构成的效益关系容易波动、松散、

---

① 张亚丹. 大学生思想政治教育价值论 [M]. 北京：人民出版社，2017：34.

② 王丽，罗洪铁. 大学生思想政治教育个体价值与相关概念的辨析 [J]. 思想教育研究，2016（07）：19-22.

中断。因此，在大学生德育工作过程中，要竭尽所能地覆盖大学生学习、生活和创业创新的方方面面，要因事而化、因时而进、因势而新地改善这一效益关系，否则将不利于个体价值的持续生成、优化实现及保持稳定。

不难发现，大学生德育工作个体价值既具有价值活动的一般共性，也具有自身的特殊性，它是以单个大学生为实践对象的德育工作价值活动。随着时代的发展，这一价值活动必然会呈现出不同的时代内容，产生不同程度的效益关系。因此，为了使个体价值较好地保持高水平的效益关系，就必须回答以下问题：大学生个体身处的时代方位是什么；这个时代对大学生个体提出的要求是什么；大学生个体在这个时代的需要有什么：其个体价值如何变化和发展。

（三）新时代大学生德育工作的内涵及特征

1. 新时代大学生德育工作的内涵

马克思指出："人们自己创造自己的历史，但是他们并不是随心所欲地创造，并不是在他们自己选定的条件下创造，而是在直接碰到的、既定的、从过去继承下来的条件下创造。"[①] 这其中的哲学依据表明，高校大学生德育工作要在新时代继续发挥其积极作用，完成新时代赋予的新使命，深刻总结历史规律，特别是党的十八大以来的历史变革，立足于新时代，满足高校大学生的客观需求。高校大学生德育工作要明确新的时代定位，以党的思想政治理论为指导，结合新的时代特征，为国家培养出个人品格高尚、政治素养过硬的建设者和接班人。

从中国共产党成立之时起，德育工作就是带领我们党走向胜利的重要法宝，在我们进行革命、建设、改革中都发挥着不可替代的作用，使得我们有正确的思想作为引领，有崇高的信念作为精神支撑，从而保证我们党不断取得社会主义新胜利。自改革开放以来，随着经济社会的迅速发展，高校建设不断推进，高校大学生的数量逐年增加，高校大学生德育工作的作用日渐凸显，同时在党的领导下，所取得的工作成效也十分显著。具体体现在以下方面：一是高校大学生德育工作的广泛深入开展，理想信念逐

[①] 中共中央马克思恩格斯列宁斯大林著作编译局编译. 马克思恩格斯文集（第2卷）[M]. 北京：人民出版社，2009：470-471.

渐渗透到大学生的学习和生活之中，使得大学生将理想信念内化于心、外化于行，将个人理想与中华民族伟大复兴的中国梦结合到一起，实现共同发展；二是通过高校大学生德育工作这一载体，意识形态教育得到了不断的巩固和提升，针对性和实效性显著增强，使大学生对于党的性质有了进一步的了解，"四个意识"不断增强；三是随着教育方式和培育机制的不断完善，通过对大学生入脑、入心的引导，使大学生能够在日常生活中自觉遵守道德规范，践行价值准则，也使得大学生的"四个自信"不断提升。进入新时代，就意味着我们要面临新的历史任务。在新时代，我们要实现从"富起来"到"强起来"，那我们新的历史任务也注定与此相互结合，不断推进。党的十九大为我们党和国家的下一个阶段的发展制定了详细的规划，指明了发展的路线，设定了明确的目标，新的历史任务的实现离不开每一个人，尤其不能离开那些有本领、有理想、有担当的时代青年，他们将是国家发展重要的生力军和建设者。高校大学生德育工作在这个新时代被赋予了新的使命要求，因此要紧跟时代发展潮流，发挥应有作用。当前，在新的历史阶段，高校大学生德育工作要用习近平新时代中国特色社会主义思想武装大学生头脑，树立培养社会主义建设者和接班人意识，落实立德树人的根本任务，紧密结合大学生实际发展的需求变化，增强德育工作的时效性，为建设社会主义现代化强国和实现中华民族伟大复兴提供政治思想保障。

2. 新时代大学生德育工作的特征

（1）历史性与时代性相统一

历史性是人类社会发展的时间性范畴，是社会历史运动过程的客观经历。新时代大学生的德育工作与中国的近代史历程密不可分，因而具有鲜明的历史性。时代性指的是人类社会活动在不同的历史时期，无不打上时代的烙印，具有鲜明的时代特色。大学生的德育工作也不是一成不变的，而是与特定历史时期紧密结合，在不同的历史时期具有不同的形式与内涵。这种时代性不仅体现在德育工作的内容上，还体现在德育工作的理念上。新时代大学生德育工作的时代性就是始终站在时代的前列，贴近时代脉搏，把握时代发展动向，持续赋予大学生德育工作鲜明的时代特征、时代内容和时代风格，提升大学生德育工作水平。

不同时期，德育工作的主题也会有所不同，近代以来，无数有识之士从思想上革新，形成了一系列具有时代特征的观点与看法。19世纪40年代，部分有识之士开始在救亡图存中，为国家寻找新出路。魏源的"师夷长技以治夷"思想对之后的中国思想界影响深远。洋务运动时期，以李鸿章为代表，提出"中体西用"的思想，这是一次中西文明的碰撞与交流，体现出教育思想的时代性与多元性，在一定程度上，促进了教育的进步与发展。五四运动后，马克思主义传入中国，"社会主义"价值观念凸显。中华人民共和国成立后，我国走上了社会主义道路，在德育工作上，坚持以马克思主义为指导，把马克思主义基本原理同中国实际相结合，坚持以中国特色社会主义道路。当代大学生的德育工作要继承以往各个历史阶段中人们对中国的认识，传承优秀的革命精神、思想成果。

自党的十八大以来，我国的社会主义建设进入了一个新的阶段，世界处于百年未有之大变局，中华民族离伟大复兴的中国梦无比接近，大学生德育工作要立足现实，不断丰富及发展德育工作理论。一方面，新时代大学生德育工作既要传承历史，继续以马克思主义为指引，彰显这个新时代的历史要求，同时也要体现德育工作的时代性，紧跟时代主题，在新时代大学生德育工作内容上把握时代脉搏，顺应时代潮流，紧扣"中国梦"时代主题，筑牢"两个维护"，为全面建成社会主义现代化强国而努力奋斗。另一方面，大学生德育工作要切实针对大学生特点与时代主题相结合，遵循教书育人规律，打造有灵魂的学校教育体系，体现新时代大学生德育工作的历史性与时代性。

（2）科学性与系统性相统一

科学性与系统性相统一也是新时代大学生德育工作的重要特征。所谓科学性，指的是对事物的认识和评价的过程要符合客观事实规律，遵循科学理论，认识和评价的结果能经得起实践的检验。新时代大学生德育工作要遵循科学性原则，尊重社会发展规律和学生成长发展规律，制订科学的德育工作计划，使用科学的德育工作方法，提升大学生德育工作的科学性。新时代大学生德育工作的科学性，就是坚持辩证唯物主义，坚持世界观和方法论的统一，坚持德育工作学科的基本规律，坚持已经确立的新时代大学生德育工作目标，系统建构研究的思维范式。并在研究的过程加以完善。

要把握理论知识与社会实践的科学统一，"唯有学习才能创新，唯有创新才能引领发展"①，要运用这些思维范式去引领和检验新时代大学生德育工作目标系统建构的研究过程和研究成果，坚持理论与实践相统一的科学性原则。

系统性指的是组成整体的各要素之间，以及整体与周围环境之间按照一定的逻辑关系形成结构和秩序，使整体具有不同于各个组成要素的新功能。系统性的基本特征包括整体性、联系性、动态性、开放性、有序性和层次性。新时代大学生德育工作的系统性是普遍存在的，大学生德育工作作为一个系统，同样具有系统的基本原理和特点。

新时代大学生德育工作的系统性，指的是大学生德育工作的四个子系统，即大学生德育工作主体、客体、研究方法、环境是相互作用、相互联系的有机整体。大学生德育工作系统与其他外部系统（如社会系统、经济系统等）具有相互联系、相互制约、合作共赢的关系。大学生的思想观念往往会随着外界环境条件的改变而改变，因此大学生德育工作也是动态的、变化着的。大学生德育工作的指导思想不是固定不变的，而是在发展中不断创新的，随着社会经济的发展，大学生的思想观念也会发生改变。要充分认识到大学生德育工作是一个多层次的复杂系统，因此在德育工作过程中，不能用同一种思想道德标准要求和规范所有的大学生，而应该把德育工作的内容和要求分成各种层次，使德育工作保持在具有层次性的复杂阶段。

（3）引领性与思想性相统一

引领性是指某种事物具有引导、带动事物沿着一定的路径向前发展，从而实现既定目标的特性。引领性是新时代大学生思想教育发挥思想导向作用，引导大学生树立正确的世界观、人生观和价值观的关键所在。思想性是指事物所具有的思想内涵，包括政治思想内涵和社会思想内涵两个方面，是意识形态在思想中的反映。思想性是新时代大学生思想教育的本质与核心，大学生德育工作的思想性决定了高校的德育工作要坚持社会主义方向，坚持为社会主义服务、为人民服务，坚持以正确的思想理论为指导。②

---

① 刘宝莅. 建设学习型政党才能更好地实现中国梦 [N]. 学习时报，2013-05-20.

② 周业兵，李荣新. 论高校思想政治理论课思想性与审美性的统一 [J]. 合肥学院学报，2017（03）：126-129.

新时代大学生德育工作的引领性又称为时代引领性，就是用符合新时代要求的标准培养大学生适应未来、适应发展需要的必备品格和关键能力，引导大学生在纷繁复杂的社会现实中睿智地对待得与失、进与退，分辨真善美、假恶丑，树立正确的价值观，在中国特色社会主义道路上奋勇前行。新时代大学生德育工作的引领性表现在用文化自信滋养学生的精神世界，培养学生的文化底蕴，丰富和发展德育工作的话语体系；用核心价值观凝聚大学生的责任意识，在德育工作实践活动中激发大学生强烈的时代认同感及实现中国梦的责任感与使命感；用实现中国梦的共同理想，鼓励引导大学生敢于争先、勇于奋进，在社会主义建设中放飞青春梦想，书写青春的奋斗篇章。

思想性是大学生思想政治理论课的首要功能和突出特性，高校思想政治工作的目的，就是要引导大学生树立正确的世界观、人生观和价值观，提高大学生的思想道德素质和政治素质。思想性是对德育工作观点的凝练，是大学生德育工作创新的前提，也能为大学生德育工作创新提供新思路。大学生德育工作思想性体现在以下几个方面：首先是大学生德育工作以马克思主义理论为依托，蕴含着马克思主义理论的深厚思想底蕴；其次是大学生德育工作能够对大学生精神世界的丰富和发展起到积极的作用，能够从思想观念和行为方式上对大学生进行正向引导；再次是发挥大学生德育工作的现实功能，即让大学生增强对新时代中国特色社会主义的认识，使其认清世界发展大势，增强社会主义意识形态的凝聚力与感召力，增强教育效果。

二、新时代大学生德育工作的价值体现

（一）新时代大学生德育工作个体价值

党的十九大报告指出："经过长期努力，中国特色社会主义进入了新时代，这是我国发展新的历史方位。"[①] 大学生德育工作个体价值随着我国社会主要矛盾的转化也发生了质的变化。新时代大学生德育工作个体价值

---

① 中共中央党史和文献研究院编. 十九大以来重要文献选编（上）[M]. 北京：中央文献出版社，2019：7.

可以概括为：大学生德育工作根据新时代中国特色社会主义发展需要，对大学生思想政治素质提出要求，在教育活动中以自身的属性满足单个大学生发展需要的效益关系。

1. 新时代大学生德育工作个体价值的新方位

个体价值形成和发展的总体态势，总是取决于它身处时代的变化。各种环境因素都促进或制约着新时代大学生德育工作个体价值的生成和实现，这就要求我们必须关注和研究大学生德育工作所处的时代背景、社会环境和现实境遇。首先，当今世界正处于百年未有之大变局，世界多极化、经济全球化、社会信息化、文化多样化深入发展。如何培养一批批符合时代发展、站稳中国立场、具有国际视野的创新型大学生人才，已经成为认识和深化新时代大学生德育工作个体价值的关键议题。其次，中国特色社会主义进入了新时代，我们面临着新的社会主要矛盾。时代越是向前，国家对卓越人才的渴望就越是强烈，党和国家以及每个大学生对更高质量的大学生德育工作的期待就越是迫切。最后，高等教育事业正处于改革创新发展的新阶段，高等教育现代化的步伐正不断加快，这对大学生德育工作提出了新的要求。

2. 新时代大学生德育工作实践活动的新发展

大学生德育工作实践活动作为个体价值的供给侧，其新发展是个体价值生成的关键环节。"新中国成立 70 年来，大学生德育工作的实践表明，只有紧密结合大学生思想行为的新变化开展教育，才能使教育活动更加具有亲和力、感染力和吸引力，不断推动教育活动的高效运行，完成教育任务、实现教育目标。"[1] 首先，坚持把立德树人作为根本任务，培养担当民族复兴大任的时代新人，培养德智体美劳全面发展的社会主义建设者和接班人，是新时代大学生德育工作始终坚守的历史使命。其次，新时代大学生德育工作不断构建和完善以十大育人体系为具体形态的"三全育人"体制机制，进一步加强人才培养、科学研究、队伍建设、教材建设，为育人质量的全面提升奠定了基础。最后，着力推进思想政治理论课建设。新时代思想政治理论课建设既不断完善教学内容、改进教学方法、创新教学载体，又着

---

[1] 黄蓉生. 新中国 70 年大学生思想政治教育发展的理论与实践逻辑 [J]. 思想政治教育研究，2020（01）：115.

眼于树立"大思政"理念，推动其他课程与思想政治理论课同向同行，使大学生能够掌握和运用马克思主义的基本观点和方法来观察问题、分析问题和解决问题。

3. 新时代大学生个体成长成人成才的新需要

新时代意味着新发展，新发展意味着新需要，每个大学生也不例外。新时代大学生德育工作个体价值的实现和深化，必须立足于当下每个大学生思想政治素质的实际状况。有调查研究显示："青年大学生在新冠肺炎重大疫情应对中呈现出良好的成长态势，但在身心素质、科学素养、公德观念、媒介素养等方面依然不同程度存在困境。"①这些问题与社会环境状况的影响，以及单个大学生利益诉求和思想需要的变化密切相关，共同影响着个体价值的实现。习近平总书记指出："当代青年思想活跃、思维敏捷，观念新颖、兴趣广泛，探索未知劲头足，接受新生事物快，主体意识、参与意识强，对实现人生发展有着强烈渴望。这种青春天性赋予青年活力、激情、想象力和创造力，应该充分肯定。同时，青年人阅历不广，容易从自身角度、从理想状态的角度来认识和理解世界，难免给他们带来局限性。"②因此，面对尚处"拔节孕穗期"的大学生，大学生德育工作必须正确处理不同年龄、性别、性格和成长背景的大学生个体对自身思想政治素质发展的迫切需求，在理论深化和实践探索的过程中，将人的发展与社会的发展相统一，根据时代发展需要和社会实际，去制定符合每个大学生全面发展需要的阶段性目标，使其与全面建设社会主义现代化国家对人的思想政治素质的要求相适应、相符合，从而保证个体价值的持续存在。

4. 新时代大学生德育工作个体价值效益关系的新内容

个体价值在新时代表现出来的效益关系，归根到底体现于满足单个大学生德智体美劳五个维度的发展需要。从"德智体"到"四有"新人，从"又红又专"和"德才兼备"到"德智体美劳"，在对人的素质发展目标、历史使命及其实现能力的统一生成性建构过程中，党和国家每一次对人才素质结构的进一步认识和发展，就意味着大学生德育工作正是在这样一种认

① 西南大学新学工创新中心课题组，孙楚航. 新冠肺炎疫情对青年大学生影响研究——基于全国 45 所高校 19850 名大学生的实证调查 [J]. 中国青年研究，2020（04）：46-47.
② 习近平. 在纪念五四运动 100 周年大会上的讲话 [N]. 人民日报，2019-05-01.

识、满足、再认识、再满足的反复价值创造过程中，孕育着新的效益关系，生成自身新的价值，进而促进一代又一代大学生成人、成才、成功。进入新时代，大学生德智体美劳的全面发展需要既是对大学生德育工作提出的新时代任务，又是他们对追求美好生活的积极回应。大学生德育工作满足了这些需要，势必会形成符合这些需要的效益关系，体现于大学生个体德智体美劳五个维度的各方面、各环节，最终形成与这些素质相联结、相补充、相促进的个体价值。新时代大学生德育工作个体价值表现出来的效益关系，一方面满足了单个大学生德智体美劳全面发展的需要，展现为具备德智体美劳五个维度的思想政治素质，进而产生五个维度的个体价值形态表现；另一方面，大学生个体思想政治素质蕴含着德智体美劳五个维度，是一个内容丰富、结构稳定、相互贯通、有机渗透的素质结构体系，其中任何一方面缺乏有机协调的发展，都不利于个体价值的生成、实现和保持。

总之，正确认识大学生思想政治素质发展的时代要求，促进大学生个体德智体美劳的协调发展，坚持全面发展与个性发展相统一，是大学生德育工作个体价值效益关系保持较好状态的出发点和立足点。

（二）新时代大学生德育工作个体价值形态的新表现

认识和判断新时代大学生德育工作个体价值形态的新表现，取决于其是否满足了大学生个体德智体美劳的全面发展需要。一般来看，人的思想政治素质的本体结构是由政治素质、思想素质、道德素质和心理素质构成的，但是"德育工作的发展价值不仅在于能满足人的思想道德发展的需要，而且在于能满足人的全面发展的需要"[①]。也就是说，人的思想政治素质的形成和发展总是与其他教育形式密切相关，总是与其他综合素质的培养和塑造存在一定联系。习近平总书记指出："要努力构建德智体美劳全面培养的教育体系，形成更高水平的人才培养体系。要把立德树人融入思想道德教育、文化知识教育、社会实践教育各环节，贯穿基础教育、职业教育、高等教育各领域，学科体系、教学体系、教材体系、管理体系要围绕这个目标来设计，教师要围绕这个目标来教，学生要围绕这个目标来学。凡是

---

① 骆郁廷. 思想政治教育引论 [M]. 北京：中国人民大学出版社，2018：21.

不利于实现这个目标的做法都要坚决改过来。"[①] 因此，新时代大学生德育工作在提升每个大学生思想政治素质的同时，势必会与德智体美劳的全面育人进程，形成一定联系，产生一定作用，发挥一定效果。大学生个体的思想政治素质正是在这一互动进程之中，带动和促进其他素质的形成和发展，并最终呈现出自身的道德维度、智能维度、生命维度、审美维度、劳动维度。在这里，大学生个体思想政治素质的本体结构就发生了新的延伸，注入了新的内容，形成了新的关系。大学生德育工作正是在满足了大学生个体德智体美劳的全面发展需要的基础上，展现出与之相对应的五类思想政治素质维度，从而呈现出相应的五种个体价值形态，即道德培育价值、智能强化价值、生命关怀价值、审美涵养价值和劳动引导价值，最终表现为一个内容丰富、结构稳定、相互贯通、有机渗透的新时代大学生德育工作个体价值形态。

1. 道德培育价值

所谓道德培育价值，即大学生德育工作根据新时代的德育工作要求，在教育活动中以自身的属性满足单个大学生思想道德素质发展需要的效益关系。习近平总书记强调："一个人只有明大德、守公德、严私德，其才方能用得其所。"[②] 新时代大学生德育工作之于大学生个体的道德培育价值，就体现在使其笃明大德、恪守公德、敬严私德。

（1）笃明大德

"大德"立根本、管灵魂、定方向。习近平总书记时刻不忘勉励青年："修德，既要立意高远，又要立足平实。要立志报效祖国、服务人民，这是大德，养大德者方可成大业。"[③] 新时代的大学生要做到"明大德"，就需要大学生德育工作培养他们坚定理想信念、弘扬中国精神及认同和践行社会主义核心价值观。

（2）恪守公德

《新时代公民道德建设实施纲要》指出，要"推动践行以文明礼貌、

① 习近平. 论党的宣传思想工作 [M]. 北京：中央文献出版社，2020：351.

② 习近平. 习近平谈治国理政（第一卷）[M]. 北京：外文出版社，2018：173.

③ 中共中央文献研究室编. 习近平关于青少年和共青团工作论述摘编[M].北京:中央文献出版社，2017：27.

助人为乐、爱护公物、保护环境、遵纪守法为主要内容的社会主义公德"①。守公德，是大学生个体作为公民这一社会角色应尽的责任与义务，是其进行社会交往和公共生活的基本准则。

（3）敬严私德

"私德"即个人品德，是个人以自觉的道德反省所形成的稳定的个人品质。习近平总书记强调："青年要把正确的道德认知、自觉的道德养成、积极的道德实践紧密结合起来，不断修身立德，打牢道德根基。"②明大德、守公德的最终教育效果，实际上都是以每个大学生敬严私德的道德品质为基础来发挥的。

2. 智能强化价值

所谓智能强化价值，即大学生德育工作根据新时代的智育要求，在教育活动中以自身的属性满足单个大学生智能素质发展需要的效益关系。大学生个体通过德育工作学习科学理论，掌握科学思维，提升能力素质，对于自身成长成才具有重要意义。

（1）学习科学理论

这个科学理论就是以马克思本人命名的，关于无产阶级争取自身解放和全人类解放的科学理论体系——马克思主义学说。用科学理论武装大学生的头脑，就是让他们学会运用马克思主义的立场、观点和方法，在改造主观世界的同时改造客观世界。

（2）树立先进思维

思就是思考，维表示方向。如果没有先进的思维方法，美好的东西就会"有理说不清"，而落后的则"无理辩三分"。科学的思维方法即战略思维、创新思维、辩证思维、历史思维、底线思维，它们是当代大学生保持定力、直视矛盾、捍卫真理、尊重历史、敢于斗争所必须具备的思维方法。

（3）提升认识能力

新时代大学生德育工作对于大学生个体能力素质的提升，体现在引导他们"正确认识世界和中国发展大势""正确认识中国特色和国际比较""正

---

① 新时代公民道德建设实施纲要 [M]. 北京：人民出版社，2019：5-6.

② 习近平. 继往开来，开启全球应对气候变化新征程 [N]. 人民日报，2020-12-13.

确认识时代责任和历史使命""正确认识远大抱负和脚踏实地"①。这些是大学生认识世界、了解社会、明辨是非的关键能力素质。

3. 生命关怀价值

所谓生命关怀价值，即大学生德育工作根据新时代的体育要求，在教育活动中以自身的属性满足单个大学生身心健康发展需要的效益关系。"德育工作能够满足人的身体素质与心理素质协调发展的需要""可以使人们认识和掌握身心协调发展的规律并遵循这一规律"②。思想健康和身心健康同等重要，身心健康不仅关系着大学生个体的生活质量和生命质量，更是他们投身全面建设社会主义现代化国家的重要保证。

（1）构筑积极的生命观

大学生个体思想政治素质的好坏，同样取决于自身是否具备正确的生命观。在生命观方面，大学生德育工作主要是通过引导大学生理性把握生命价值、正确对待人生矛盾、自觉抵制错误观念，为生命观的进一步塑造奠定基础，从而保证其身心健康和人格完善。

（2）维护良好心理品质

大学生个体的心理品质是在先天素质的基础上，经过后天的环境熏染和教育介入而逐步形成的。与一般意义上的心理教育产生"感觉好多了"的最终效果所不同的是，大学生德育工作促进大学生个体的心理健康是使其"感觉想通了"。因此，在提高心理素质上，不单单局限于使每个大学生获得短暂的心情舒畅，更在于指导他们科学地认识自身的心理健康问题及成因，通过认识层面的"调节"达到"不调"，进而成为一个自立、自强、自尊、自爱、自信的人。

（3）形成健康生活方式

近年来大学生体质的现状并不乐观③。体质健康教育是一个复杂的问题，它绝不仅仅是高校体育课程和体育老师的责任，而是高校所有师生员工及全社会的责任。大学生德育工作旨在从导致大学生体质下降的价值观

① 习近平. 论党的宣传思想工作 [M]. 北京：中央文献出版社，2020：277.

② 骆郁廷. 思想政治教育引论 [M]. 北京：中国人民大学出版社，2018：22.

③ 郭膺. 让体魄强健成为大学生标配 [N/OL]. 人民网. http: //opinion. people. com. cn/gb/n1/2020/0715/c1003-31783499. html.

冲突、社会竞争压力和负面娱乐等原因入手，在他们的思想认识层面上，培养他们形成健康的生活方式和习惯，从而为思想政治素质的形成和发展奠定基础。

4. 审美涵养价值

所谓审美涵养价值，即大学生德育工作根据新时代的美育要求，在教育活动中以自身的属性满足单个大学生审美素质发展需要的效益关系。习近平总书记指出：“如果青少年没有艺术爱好和艺术修养，不可能全面发展”[①]，“思政课教师，要给学生心灵埋下真善美的种子，引导学生扣好人生第一粒扣子”[②]。大学生德育工作之所以能够涵养大学生的审美素质，就在于它可以把理论知识和审美追求相结合，寓知识于审美之中，引导他们学会当即分辨好坏、顿时辨别美丑，过一个超越自我，敢于追求复兴民族大任的有意义、有价值的人生。

（1）熏陶明辨的审美观

审美观，顾名思义是关于美的观念。培养大学生正确欣赏美、鉴别美、评判美的审美观，是大学生德育工作的重要使命。引导大学生个体以明辨是非的审美观善于欣赏他者，善于挖掘和提炼生活中的美，为自己提供心灵的慰藉，继承和发扬真善美的因素，完善自身的精神家园。

（2）塑造美好心灵

“心灵美”也称“精神美”“内在美”或“灵魂美”。心灵美作为大学生个体的高级感觉形式，超越了自身狭隘的私欲，走向一种更高追求的精神富足。“德育工作活动作为一种价值创造活动，本身就蕴含着美的价值”[③]，就具有温润心灵的育美价值。而内在心灵往往是通过外在的行为展示出来的，集中体现在行为美、语言美、仪表美等方面。在美育意义上，大学生德育工作坚持以美育人，就是用思想意识之美引导大学生做到行为上有风度，语言上以理服人，进而塑造其美好的心灵。

---

① 习近平. 论党的宣传思想工作 [M]. 北京：中央文献出版社，2020：350.

② 习近平. 论党的宣传思想工作 [M]. 北京：中央文献出版社，2020：379.

③ 刘勋昌，胡凯. 论新形势下思想政治教育的审美修养 [J]. 思想理论教育导刊，2009（12）：69-73.

（3）升华人生境界

所谓"胸怀""怀抱""胸怀"，或像习近平总书记向人民庄严宣誓的那样："我将无我，不负人民"①，都是追求、拥有高层次人生境界的体现。大学生德育工作坚持以美育人，有助于升华大学生的人生境界，促使大学生深刻体悟做人的价值、尊严和使命，改变个人的人生态度、处事方式和生活方式，使自己的心灵得到洗礼、陶冶和净化。

5. 劳动引导价值

所谓劳动引导价值，即大学生德育工作根据新时代的劳动教育要求，在教育活动中以自身的属性满足单个大学生劳动素质发展需要的效益关系。习近平总书记强调："要在学生中弘扬劳动精神，教育引导学生崇尚劳动、尊重劳动，懂得劳动最光荣、劳动最崇高、劳动最伟大、劳动最美丽的道理，长大后能够辛勤劳动、诚实劳动、创造性劳动。"②就大学生个体而言，成功的人生必须经历辛勤劳动、诚实劳动、创造性劳动，才能释放出实现人生目标的不竭动力。

（1）养成正确的劳动观

劳动观是人们对劳动的认识、态度和看法的总和。劳动观不仅深刻作用于大学生学习和生活的各个阶段，还决定着他们未来就业和创业的选择偏好、工作态度和奋斗方向。因此，大学生德育工作必须引导大学生树立劳动最光荣、劳动最崇高、劳动最伟大、劳动最美丽的正确劳动观。

（2）弘扬践行劳动精神

党的十八大以来，习近平总书记反复强调的一件强国富民的大事，就是"要在学生中弘扬劳动精神，教育引导学生崇尚劳动、尊重劳动，……"③。劳动精神是劳动者在劳动过程中形成的劳动认知、价值理念和实践智慧的总和，是推动社会前进的强大精神动力。新时代劳动精神是建立在劳动基础上的科学精神信仰，是马克思主义劳动观在我国的时代表达，它因劳动主体不同而生成了劳模精神、工匠精神、铁人精神等具体形态。劳动精神的价值主线，在于实干精神、奋斗精神和创新精神的弘扬践行。

① 习近平. 习近平谈治国理政（第三卷）[M]. 北京：外文出版社，2020：144.

② 习近平. 论党的宣传思想工作 [M]. 北京：中央文献出版社，2020：350.

③ 习近平. 论党的宣传思想工作 [M]. 北京：中央文献出版社，2020：350.

（3）培养优秀劳动品格

新时代的大学生既要热爱劳动，又要擅长劳动，拥有优秀的劳动品格。高校作为培养高素质人才的摇篮，要培养大学生熟知一门专业知识，掌握一项专业技能，或是灵活运用多门专业，掌握多门专业技能，为他们成为高素质人才提供基础条件。而大学生德育工作培养其优秀劳动品格，主要是鼓励他们掌握和应用相关技术，增强劳动成果质量，引导其以辛勤劳动为根基，以诚实劳动为准则，以创造性劳动为方向。

综上所述，新时代大学生德育工作个体价值形态的新表现，由道德培育价值、智能强化价值、生命关怀价值、审美涵养价值和劳动引导价值这五种个体价值形态构成。这五种个体价值形态，构成了一个内容丰富、内在关联、相互影响、有机渗透、和谐共生、结构稳定的个体价值形态有机系统。在这一价值形态有机系统之中，道德培育价值居于核心地位，形成核心力，统领和辐射其余四种个体价值形态；智能强化价值处于主导地位，形成主导力，引导和推动其余四种个体价值形态；生命关怀价值位于基础地位，形成保障力，激活和约束其余四种个体价值形态；审美涵养价值处于补充地位，形成优化力，完善和滋养其余四种个体价值形态；劳动引导价值置身枢纽地位，形成塑造力，规范和控制其余四种个体价值形态。同时，根据它们之间互补发展的情况，会产生高价值的效益关系、中等价值的效益关系和低价值的效益关系。总之，这五种个体价值形态正是在努力构建德智体美劳全面培养的教育体系过程中，满足了大学生个体德智体美劳五个维度的全面发展需要，生动呈现出的新时代大学生德育工作个体价值形态的有机系统。

三、新时代高校大学生德育工作面临的新机遇

（一）全球化带来的机遇

在全球化进程中，资本、技术、人才等各类要素在全球范围内流动，推动了经济、政治、文化的深入交流。国与国之间的经济、文化、科技交流与学习，使大学生有机会、有条件对比中西方的发展道路、理论、制度、文化，了解各自的发展优劣，有利于增强大学生对中国特色社会主义的道

路自信、理论自信、制度自信、文化自信。

1. 全球化有利于增强中国特色社会主义道路自信

当前，中国经济总量跃居全球第二，综合国力大幅度提升，结合西方国家近年来经济发展与社会治理所面临的各种困境，反观中国经济快速发展所取得的成果，可以增强大学生对中国特色社会主义道路的自信。

这条道路的成功，开启了多元化发展的时代，是对人类社会发展规律的新探索，为全世界特别是广大发展中国家提供了一条可借鉴的发展道路。历史和实践雄辩地证明，中国特色社会主义道路符合中国国情，指引中国人民走向繁荣富强，增进人民的福祉，为破解人类面临的共同难题提供了"中国方案"。无疑，中国的崛起使大学生更加坚信中国特色社会主义道路的正确性。

2. 全球化有利于增强中国特色社会主义理论自信

通过研究近年来中国改革开放取得的成果，大学生认识到中国特色社会主义理论体系因为指导了中国人民实行改革开放，所以具有科学性、人民性和开放性，为当代中国明了正确的发展道路和方向，使当代中国迎来了中华民族伟大复兴的光明前景。

特别是党的十九大以来，习近平总书记站在时代发展和战略全局的高度，在改革发展稳定、内政外交国防、治党治国治军等方面发表了一系列重要讲话，形成了一系列治国理政的新理念新思想新战略，深刻回答了党和国家发展的重大理论和实践问题，为理论自信增添了新的底气，这些更加坚定了大学生对中国特色社会主义的理论自信。

3. 全球化有利于增强中国特色社会主义制度自信

中西方不同国家的交流，使大学生认识到中国特色社会主义制度是历史的选择、人民的选择，是中国共产党领导中国革命、建设和改革的经验智慧结晶，是当代中国立足国情、继承传统、人民至上、包容互鉴、求同存异的最新成果。

中国特色社会主义制度经历了实践检验，显示出了巨大优势。随着时间的推移，它赢得越来越多世人的认可。全球化提供了便利的条件，使大学生能够发现和认识到中国特色社会主义制度的科学性、优越性、先进性。

4. 全球化有利于增强中国特色社会主义文化自信

全球化促进了我国文化的繁荣发展，丰富了人民群众的文化生活，加快了我国文化的对外传播，中西文化交流愈加频繁。尤其在互联网快速发展的条件下，大学生通过电脑、手机等就可以充分了解西方文化。通过学习，大学生能够认识到中国特色社会主义文化既传承了中华优秀传统文化的精华，又吸收了西方先进文化的养分，还继承和发扬了中国共产党领导创造的革命文化和社会主义先进文化；认识到中国历史文化传统和国情有其独特性，中国文化的发展必须走独立自主道路，探索中国社会发展不可能脱离特定的历史条件和文化传统。

全球化给中国文化的对外传播提供了条件和平台，提高了中国文化的对外影响力，彰显了中国文化的价值。随着全球化的推进和文化多样化的深入发展。大学生对中国文化在世界范围内的影响力有了全新的认识，增强了中国特色社会主义文化自信。

（二）市场经济带来的机遇

随着社会主义市场经济的发展，公平竞争意识、自由平等意识、民主法制意识等观念进一步深入大学生心中。社会主义市场经济使学生的主体地位得到明显的提升，这些观念和意识逐步改变了教师和学生之间的传统地位，师生之间的互动性得以加强，大学生分析与解决问题的能力得以提升，有更多的机会把理论与实践相结合。教师和学生共同参与度的提高，有利于更好地开展德育工作。

1. 社会主义市场经济有利于增强师生之间的互动

在社会市场经济地位没有确立以前，尤其是在计划经济时代，德育工作方法较为单一，主要是教师向学生灌输理论，学生处于被动地位，教师和学生之间的地位不对等。随着市场经济中的平等、自主、参与、竞争等意识深入人心，当代大学生的主体地位意识显著增强，在学习中更愿意突出自己的地位，更希望与教师开展互动，更乐于把自己的观点在课堂上进行分享。在教学活动中，学生的参与性、积极性、需求性也较高，德育工作的第一课堂和第二课堂变得更加活跃，这些都增加了德育工作的实效性。

2. 社会主义市场经济为大学生提供理论与实践相结合的机会

随着市场经济的发展，大学生有更多的机会参与市场经济实践活动。在参与过程中，学生能够获得大量的学习素材、资料、案例，把课堂理论和社会实践相结合；在课堂学习中，学生能够思考社会中的各类现象和问题；在社会生活中，学生有更多的机会把课堂所学知识运用到对现象的分析、对问题的解决上。

不仅如此，社会主义市场经济的发展还提升了大学生分析与解决现实问题的能力。大学生除了在校园内获得理论知识、科学方法外，还从与其他人的交往中汲取生活经验，提高分析与解决现实问题的能力。总之，市场经济的发展使大学生积极参与市场活动的意识显著提高，其分析与解决问题的能力得到了整体性的发展。

3. 社会主义市场经济为德育工作提供了物质基础

德育工作活动作为教育活动的有机组成部分，需要赖以生存和发展的物质基础。经济发展得越好，生活水平越高，大学生就越有信心学习及参与德育工作活动，其对国家制度、党的政策认可度越高，德育工作的效果就越佳。

反之，如果经济发展停滞不前、持续下滑，生活水平得不到保障，大学生就业率低或社会失业现象严重，学生就越没有动力和信心学习及参与德育工作活动，只会关注与就业有关的专业知识，而不关心思想政治理论课，德育工作活动开展的效果就会越来越差。

社会主义市场经济的发展使社会物质产品、精神产品更加丰富，这增强了大学生对生活的信心和对未来共产主义美好社会的向往。社会主义市场经济的发展为德育工作提供了不可或缺的物质基础，为德育工作活动带来了新的生命力。

（三）科技革命带来的机遇

科学技术发展日新月异，数字化、网络化、信息化成为社会经济发展的大趋势述。

1. 新科技革命使获取信息、接受教育、传播文化更加便捷

新科技革命为德育工作提供了前所未有的发展机遇，给德育工作带来

了深远的影响。科技成果的广泛应用推动了德育工作教学手段的创新，为德育工作活动提供了便捷的途径，从而提升了德育工作的时效性、实效性。

新科技革命实现了从理论到实践的转化，最终通过生产活动创造出人们所需的商品，课堂所需要的各类多媒体设备、电脑和移动终端设备，以及为教学服务的各类网站、App、微博、微信等平台，为德育工作提供了极其便利的手段，改变了传统的板书、课本讲授方式。新科技不断地融入德育工作中，通过大数据可以实现智能化的思想政治理论课教学。例如，VR技术为大学生提供了诸如"重走长征路"等虚拟现实体验。各类教学内容、图片、音频、视频借助于新的技术展现给学生，在最短的教学时间里输出最大化的教学内容。这些科技成果在德育工作活动中呈现出生动、直观、交互等特征，深受学生的喜爱，增强了大学生德育工作的时效性、针对性、灵活性，创新了德育工作的手段，与当前高校德育工作开展的新情况、新形势相融合。

2. 科技发展使公民的科学文化素质和参政能力普遍提高

科技发展带来物质生活条件的改善和劳动方式的改变，使公民的科学文化素质和参政能力普遍提高，并有充足的时间参与政治生活。互联网技术的快速发展，催生了网络论坛、QQ、微博、微信、可留言新闻面板等平台，这些平台均是当代大学生网络活动的重要场所。

每个平台都可以发表不同的观点，使大学生有更多的机会获悉不同的政治知识与见解、各类新旧思想观念、各种角度的分析和评论。互联网不仅提供了传播下载平台，而且提供了输入、上传入口，大学生有机会发表个人的政治见解及对各类事件的看法。

3. 科技生活方式的变革拓展了大学生德育工作的新空间

互联网技术促成了一种新的大学生学习与生活方式，改变了他们之间的交流方式与互动关系。它使每一个个体都能够与其他个体相互关联，通过交往与结合，个体的力量变得更强大。在互联网时代，社会就像一张无形的网，将每个个体、组织、集团都纳入其中，且能够保持有序、高效、低成本运行，因此互联网时代的特征被概括为大数据、跨界、高效、创新、信息共享。

德育工作活动的空间随着互联网触角的移动，深入社会各个领域，波及社会各个阶层。凡是互联网所能到达的地方，就会有德育工作活动的身影。电台、报纸、电视、移动客户端纷纷出现在互联网上，尤其是移动互联网的快速发展，使人们随时可以观看各类新闻资讯；通过关注主流媒体或报刊的电子版、微信公众号、移动客户，就可以看到时政快讯、时事评论。新科技革命使德育工作的空间得以拓展，大学生得以实现政治认知与参与。新科技革命催生的互联网，尤其是移动互联网，正以一种新的方式不断地拓展德育工作的空间，使德育工作效果得到质的飞跃。

可见，新科技革命为德育工作的发展提供了历史新机遇，互联网、信息技术、数字化等促进了学生自身素质的提高，教师能够借用新科技成果，开展德育工作活动，创新德育工作手段，丰富德育工作载体，拓宽德育工作空间，它正以一种不可估量的力量推动着德育工作活动向前发展。

第二章　新时代大学生德育工作的理论基础

新时代大学生德育工作问题既是一个实践性问题，又是一个理论性问题。毋庸置疑，新时代大学生德育工作最终要在实践中得以开展，但是在开展之前首先要解决它的理论基础问题，因为实践只有在科学理论的指导下，才能保证其取得成功。新时代大学生德育工作问题，只有汲取马克思主义理论及其他人类社会发展的文明成果的丰富营养，从而构建其厚重而坚实的理论基础，即一个科学的理论基础，才能保证其在实践中取得成功。

本章立足德育工作的学科视野，从马克思主义的经典理论、马克思主义中国化教育思想与论断、中国传统文化中的兼容并蓄思想、西方学界道德教育理论等视角，对新时代大学生德育工作研究提供理论支撑和借鉴。

一、马克思主义经典理论

（一）马克思主义关于人的本质理论

马克思主义主张在考察人的本质时，从现实的具体个人需要出发。他在《德意志意识形态》一文中说："个人有许多需要"，而"他们的需要即他们的本性"[①]。马克思人的本质理论内涵包括以下方面。

1. 劳动是人的内在本质

首先，马克思认为人与动物相区别的根本标志是，能够制造并且使用生产工具进行获取自身所需要的物质生活资料的生产劳动。他通过人从动物界分化出来的基本标志即劳动来说明人的本质，并提出人的本质是非异化的劳动。他对异化劳动进行深层次剖析后提出：真正的属于人的本质的

[①] 中共中央马克思恩格斯列宁斯大林著作编译局编译. 马克思恩格斯全集（第3卷）[M]. 北京：人民出版社，1960：514.

劳动应该是一种自愿的劳动，是能让"我在劳动中肯定了自己的个人生命，从而也就肯定了我的个性的特点"。[①]这是马克思第一次明确将劳动与人的本质联系起来，也是他科学解释人的本质的开端，为建立科学的人的本质的观点奠定了理论基础。

其次，在马克思看来，人和动物与自然界的关系是有不同性质的，正是这种不同的性质再次说明了劳动是人的本质。他认为人的实践活动是人与自然界相互联系的最直接形式，人首先是以一种自然有机体存在的，人类赖以生存的条件是自然无机界。他提出："人类生活从肉体方面说来就在于：人和动物一样靠无机界生活，而人和动物相比越有普遍性，人赖以生活的无机界的范围就越广阔。从理论领域说来，植物、动物、石头、空气、光等等，一方面作为自然科学的对象，一方面作为艺术的对象，都是人的意识的一部分，是人的精神的无机界……"[②]人类能够充分利用自己制造出来的生产工具，从事大量的生产劳动，从而从自然界中获取自己必需的物质资料，使自然界能够很好地为人类服务。而动物的活动是消极的、被动的、适应自然的无意识活动，是不能进行生产劳动的。可见，人类可以通过自己的努力改造自然，实现可持续发展，而自然界对动物的发展起决定性作用。

再次，马克思还通过对一些劳动的分析，从三个方面对人的社会性与动物的群体性的本质区别进行了论述，即：动物的群体性相对于人类社会性的广泛性而言十分狭窄；人类的联系是有意识的，也是自觉的，动物群体的联系是本能的，是无意识的；人类的社会关系是不断变化发展的，而动物群体的特性是长期不变的。通过论述再次说明劳动是人的本质。马克思认为劳动是人的社会性产生和存在的基础，人的任何活动都离不开社会，都会受到社会的制约。他认为人不能单个存在，必须相互协作、相互依赖，形成以生产关系为基础的社会关系，在此基础上形成思想、政治和家庭等各种关系。

综上所述，个人的全面发展最根本的是个人劳动能力的全面发展。大

---

① 中共中央马克思恩格斯列宁斯大林著作编译局编译. 马克思恩格斯全集（第42卷）[M]. 北京：人民出版社，1979：38.

② 中共中央马克思恩格斯列宁斯大林著作编译局编译. 马克思恩格斯全集（第42卷）[M]. 北京：人民出版社，1979：95.

学生的德育工作就是为了使大学生成才，成为"各方面都有能力的人，即能通晓整个生产系统的人。"①

2. 人的本质是一切社会关系的总和

首先，生产关系是全部社会关系的基础。在《关于费尔巴哈的提纲》中，马克思提出了关于人的本质理论："人的本质并不是单个人所固有的抽象物。在其现实性上，它是一切社会关系的总和。"② 只有认识到了人具有社会性，认识到了生产关系是全部社会关系的基础，才能真正认识到人的本质是一切社会关系的总和，才能真正把认识活动建立在历史唯物主义的基础上。

其次，实践是检验真理的唯一标准。马克思将实践的观点贯穿于《关于费尔巴哈的提纲》的始终。他立足于实践观批判了费尔巴哈的宗教观，指出了抽象人性论的错误，批判了旧唯物主义中从直观出发的单纯受动原则，反复强调实践是能动性与受动性，主观与客观的统一。马克思强调"社会生活本质上是实践的"，要我们立足于社会实践来理解人类历史。

最后，新唯物主义的立脚点是人类社会或社会的人类。新旧唯物主义的不同主要是立脚点的不同。新唯物主义所讲的人不是孤立的个人，而是现实的人，是处于一定社会关系中的人，是人类社会或社会的人类。旧唯物主义因缺乏实践的观念，只能把社会看作是独立个人的集合体，而看不到存在于这些人之间的联系和关系，但这些联系和关系往往构成了人存在的实质。

3. 人的本质是"现实的人"

首先，人的本质是现实性、历史性。马克思第一次系统地阐述了历史唯物主义的基本原理。他在《德意志意识形态》中，明确表达了唯物史观"人的本质"的新范畴是"现实的人"。马克思指出："我们的出发点是从事实际活动的人……是处在现实的、可以通过经验观察到的、在一定条件下进行的发展过程中的人。"③

---

① 中共中央马克思恩格斯列宁斯大林著作编译局编译. 马克思恩格斯全集（第4卷）[M]. 北京：人民出版社，1958：370.

② 中共中央马克思恩格斯列宁斯大林著作编译局编译. 马克思恩格斯全集（第1卷）[M]. 北京：人民出版社，1995：56.

③ 中共中央马克思恩格斯列宁斯大林著作编译局编译. 马克思恩格斯全集（第1卷）[M]. 北京：人民出版社，1979：73.

其次，"现实的人"是生产力与生产关系矛盾运动的基础。生产力和生产关系也离不开"现实的人"。在马克思看来，人之所以是现实的，在于他处于一定的社会关系中，其中起决定作用的是生产关系，而生产关系的形成离不开生产力。马克思这里所说的"生产力"是一定生产关系之中的现实的人所具有的生产力；所说的"生产关系"是现实的人在生产过程中所结成的关系。所以，现实的人之所以现实，是因为他受自己的生产力和与之相适应的生产关系所制约。

4. 人的本质是历史的、发展的

马克思关于社会关系的论述中说"各个人借以进行生产的社会关系，即社会生产关系，是随着物质生产资料、生产力的变化和发展而发展和改变的。生产关系总合起来就构成为所谓社会关系，构成为所谓社会，并且是构成为一个处于一定历史发展阶段上的社会，具有独特的特征的社会。"① 该轮述说明社会关系是在历史的过程中不断发展和变化的，因此人的本质作为一切社会关系的总和，也必然是历史的、发展的。

人的本质是历史的、发展的，体现在人的需求方面就是人的需求的多样化、多元化。正如马克思所言："需求的产生，也像它们的满足一样，本身是一个历史过程。"② 按需求的起源分，可以分为自然的和社会的；按需求的社会功能分，可以分为物质的和精神的；按需求的层次分，可分为基本的和高层的；按需求的范围分，可分为个体的和整体的；按需求的时间分，可以分为现在的和将来的。③ 大学生对成长成功的需求，主要是精神的需求，大学生的思想行为和变化规律，也是其需求的运动和表现。

马克思关于人的本质的理论对新时代大学生思想行为特点和变化规律的研究具有较大的指导意义：首先，我们要着力把握大学生思想行为的共性。从大学生所处的各种相同的社会关系和一切社会关系的总和中，把握大学生的思想基本倾向。其次，我们要着力把握大学生思想行为的个性。不同大学

---

① 中共中央马克思恩格斯列宁斯大林著作编译局编译. 马克思恩格斯全集（第6卷）[M]. 北京：人民出版社，1961：487.

② 中共中央马克思恩格斯列宁斯大林著作编译局编译. 马克思恩格斯全集（第1卷）[M]. 北京：人民出版社，1979：123.

③ 胡凯. 现代思想政治教育心理研究 [M]. 长沙：湖南人民出版社，2009：301.

生群体和个体所处的社会关系各不相同，从大学生所处的社会关系的特点和差异中，把握大学生思想的特点和差异。最后，我们要着力把握大学生思想行为的变化规律，从大学生所处的各种社会关系的发展变化中，把握大学生思想的发展变化。大学生的德育工作要随着社会关系的变化而变化，要注意差异性及自我教育，创造有利于大学生个体主观能动性发挥的机制。

（二）马克思主义关于人的全面发展学说

马克思主义关于人的全面发展学说为教育对人类发展的作用指明了道路。他把教育作为一种解放人的手段，在他看来，在最终目的上，人永远是目的而不是手段，作为解放手段的教育的目的仍然在于人的全面、自由、和谐发展，马克思、恩格斯从《德意志意识形态》开始，就把"个人全面发展"摆到了重要位置。教育的目的在于人的全面、自由、和谐发展的思想，对我们理解教育的真正内蕴具有深远的意义。

首先，马克思关于人的全面发展的学说，规定了教育的标准是努力促进人的现代化。不仅仅满足教育规模的大小和人数的多少，更重要的在于革除旧思想，实现向现代人的转变。

其次，马克思关于人的全面发展的学说奠定了正确的教育观，即全面发展的科学的教育观。只有实施全面发展的教育，才是培养健全人的教育，才能真正实现人的全面发展。

再次，马克思关于人的全面发展的学说为教育指明了基本道路。教育体制和机制的变革只有通过教育参与人类社会实践才可能实现。

最后，马克思关于人的全面发展的学说还让我们明白了教育是实现人的全面发展的基本条件。它是人的发展和社会进步必不可少的手段。因此，马克思关于人的全面发展的理论，对新时代大学生思想行为特点及变化规律的研究起到了重要的指导作用。

我国古代教育也十分重视人的全面发展。孔子早就说过："君子不器"[①]，是说有才德的人不充当工具，教育不要使人成为工具。儒家所说的礼、乐、射、御、书、数这"六艺"就包含了德、智、体、美的内容，通过"六艺"来达到培养通才的目的。儒家经典《中庸》也通过学习程序的规定来让学

---

① 朱熹. 四书章句集注 [M]. 北京：中华书局，2008.

生达到全面发展的目的："博学之、审问之、慎思之、明辨之、笃行之"①。《学记》是我国最早的教育学专著，要求学生"知类通达，强立而不反，谓之大成"②。

我国现当代有远见卓识的教育家都主张教育应为人的全面发展服务。张百熙 1902 年在《钦定京师大学堂章程》里说："端正趋向，造就通才，为全学之纲领。"③1917 年，蔡元培上任北京大学校长以后，特别重视德育工作，他主张沟通文、理，培养健全的人格："大学为纯粹研究学问之机关，不可视为养成资格之所，亦不可视为贩卖知识之所。学者当有研究学问之兴趣，尤当养成学问家之人格。"④1941 年，时任西南联大校务主持的梅贻琦先生非常注重学生的全面发展，他在《大学一解》中指出，大学期内，通专虽应兼顾，而重心所寄，应在通而不在专。⑤我国的《国家中长期教育改革和发展规划纲要》也规定："深入推进课程改革，全面落实课程方案，保证学生全面完成国家规定的文理等各门课程的学习。"⑥可见，我国对大学生全面发展的要求是一以贯之的。

当今世界各国的通识教育都秉承着以全体学生为本、以学生的全面发展为本的理念。1929 年上任的芝加哥大学著名校长赫钦斯也主张培养"通才"，主张自由教育论。他提出，通识教育作为大学的理念应该是造就具备远大眼光、通融识见、博雅精神和优美情感的人才的高层的文明教育和完备的人性教育。

人的全面发展理论是古今中外教育家的共识，是其制定思想教育策略的依据，马克思主义关于人的全面发展学说理所当然地成为研究新时代大学生思想行为的特点及制定教育策略的理论依据。

① 朱熹. 四书章句集注 [M]. 北京：中华书局，2008.

② 黄侃. 黄侃手批白文十三经（上）[M]. 北京：中华书局，2006.

③ 舒新城. 中国近代教育史资料（中册）[M]. 北京：人民教育出版社，1980：578.

④ 蔡元培. 孑民自述 [M]. 南京：江苏人民出版社，1999：122.

⑤ 梅贻琦. 大学一解 [J] 清华大学学报（自然科学版），1941（01）：1-12.

⑥ 中华人民共和国教育部. 国家中长期教育改革和发展规划纲要（2010—2020 年）[EB/OL].（2010-07-29）.www.moe.gov.cn/jyb_xwfb/s6052/moe_838/201008/t20100802_93704.html.

二、马克思主义中国化教育思想与论断

（一）毛泽东同志的德智体全面发展思想

毛泽东同志历来重视学校的德育工作问题，将其视为关系青年成长的首要问题。1957 年，毛泽东同志在《关于正确处理人民内部矛盾的问题》中指出，我们的教育方针是使受教育者在德育、智育、体育几方面都得到发展，成为有社会主义觉悟的有文化的劳动者。这一德智体全面发展的理论是毛泽东结合当时中国社会发展的实际，针对当时中国的学校教育，在继承了马克思主义人的全面发展学说的基础上提出来的。

毛泽东同志所提出的受教育者要实现德智体全面发展的思想，是对马克思所提出的实现人的自由而全面发展的理论，在中国社会主义建设实践中的继承与发展，与中国社会主义建设所经历的不同历史时期相适应，为高校德育工作提出的阶段性目标。毛泽东同志认为作为社会主义事业的接班人，要在学校接受教育，从而实现德智体三者的协调发展。这是与当时中国所处的历史时期及当时的国际环境相适应的。当时，中华人民共和国刚刚成立不久，社会主义建设刚刚起步，因此毛泽东同志认为，必须要培养造就大批合格的无产阶级革命事业接班人，以适应当时的需要。毛泽东同志还特别强调了理想信念及正确的政治观点对德育工作的重要性，认为这是做好学校德育工作的首要问题。与此相适应，毛泽东同志在后来又提出："学校一切工作，都是为了转变学生的思想，因此教育应当是中心，……"[①]毛泽东同志认为受教育者应该把坚定正确的政治方向放在第一位，"没有正确的政治观点，就等于没有灵魂"[②]。可见，毛泽东同志所提出的德育工作发展的思想，不仅包含对学校德育工作目标的思考，同时还包括对学校德育工作内容设定的思考，即将政治教育及坚持正确的政治方向作为学校实开展育工作的重要一环。

毛泽东同志的德智体全面发展的理论，在后续的中国社会主义建设实践中得到了继承和发展。例如，培养学生成为德智体美劳全面发展的社会

---

① 中共中央文献研究室，中央档案馆编．党建以来重要文献选编（一九二一——一九四九）（第十六册）[M]．北京：中央文献出版社，2011：539．

② 中共中央文献研究室编．毛泽东文集（第七卷）[M]．北京：人民出版社，1999：226．

主义接班人的理论，以及后来提出的培育"四有"新人的理论，都是以毛泽东同志德智体全面发展的理论为基础，并在社会主义现代化建设的不同时期提出来的。

（二）邓小平同志的"四有新人"思想

邓小平同志依据马克思主义关于人的全面发展学说，结合中国改革开放和社会主义现代化建设的实际，在 1985 年 3 月召开的全国科技工作会议上的讲话中明确指出："教育全国人民做到有理想、有道德、有文化、有纪律"[1]，即"四有"新人的教育目标，从而明确了新时期对人才培养的整体要求，为大学生德育工作提出了新的目标与任务。

"四有"新人继承了毛泽东同志的德智体全面发展思想，既保留了德育工作与智育的内容，又突出了作为社会主义现代化的建设者应该具备的理想和纪律方面的素质要求。邓小平同志指出："为什么我们过去能在非常困难的情况下奋斗出来，战胜千难万险使革命胜利呢？就是因为我们有理想，有马克思主义信念，有共产主义信念。"[2] 应该说，理想教育在某种程度上仍然与智育的范畴高度重合，而纪律素质，同样是一个人思想品德修养的重要体现。"我们这么大一个国家，怎样才能团结起来、组织起来呢？一靠理想，一靠纪律。组织起来就有力量。没有理想，没有纪律，就会像旧中国那样一盘散沙，那我们的革命怎么能够成功？我们的建设怎么能够成功？"[3] 可见理想与纪律对于事业发展的重要作用。依据邓小平同志的思想，理想信念教育可以通过加大革命传统与社会主义理想教育来实现；关于纪律教育，邓小平同志强调，学校要通过加强革命秩序和革命纪律教育来实现；而对于思想品德教育，邓小平同志提出："艰苦奋斗是我们的传统，艰苦朴素的教育今后要抓紧，一直要抓六十至七十年。我们的国家越发展，越要抓艰苦创业。"[4] 即通过对青少年进行中华民族优良传统教育和革命传统教育，从小培养"四有"新人，使其具有共产主义品德。"四有"新人的思想不仅继承和发展了人的全面发展思想，同时也赋予了其更多的时代

---

① 邓小平. 邓小平文选（第三卷）[M]. 北京：人民出版社，1993：110.

② 邓小平. 邓小平文选（第三卷）[M]. 北京：人民出版社，1993：110.

③ 邓小平. 邓小平文选（第三卷）[M]. 北京：人民出版社，1993：111.

④ 邓小平. 邓小平文选（第三卷）[M]. 北京：人民出版社，1993：306.

内涵。当然，这一思想也对大学生德育工作提出了新的要求。理想信念教育与纪律教育的实现，是大学生德育工作的首要内容与任务，也必然成为高校德育工作坚持社会主义办学方向的现实要求。

（三）江泽民同志"四个统一"思想

1998 年 5 月 4 日，江泽民同志在庆祝北京大学建校 100 周年大会上的讲话中，对北京大学及全国高等院校的大学生提出了"四个统一"的教育思想，即"坚持学习科学文化与加强思想修养的统一、坚持学习书本知识与投身社会实践的统一、坚持实现自身价值与服务祖国人民的统一、坚持树立远大理想与进行艰苦奋斗的统一"[①]。

"四个统一"的教育思想是对邓小平同志提出的"四有"新人思想的继承与发展，是"四有"新人教育目标的实现途径与基本原则，为新时期大学生德育工作提供了原则上的指导。"坚持学习科学文化与加强思想修养的统一"，强调了德育工作在学校教育中的重要性。在学校教育中，智育是第一要务，而强调智育与加强德育工作相统一，意在强调大学生在获得科学知识的同时，要想真正成为社会主义合格的建设者，必须接受并通过思想品德的教育过程，从而坚定其社会主义理想，为中国特色社会主义建设事业奉献自己的才智。"坚持学习书本知识与投身社会实践的统一"，是强调实践对于获取知识的重要性。书本知识要想真正被大学生掌握，必须在实践中不断检验，这符合马克思主义认识论的基本原理，从而也为德育工作的开展提供了理论基础。"坚持实现自身价值与服务祖国人民的统一"及"坚持树立远大理想与进行艰苦奋斗的统一"，即价值观、理想、艰苦奋斗等教育都属于德育工作的内容，为大学生德育工作提供了指南。

（四）胡锦涛同志"三点希望"教育思想

2011 年 4 月 24 日，在庆祝清华大学建校 100 周年大会上，胡锦涛同志对清华大学及全国高等院校的大学生做了重要讲话，讲话中提出了"三点希望"，即希望"把文化知识学习和思想品德修养紧密结合起来，把创新思维和社会实践紧密结合起来，把全面发展和个性发展紧密结合起来"[②]

---

① 江泽民. 江泽民文选（第二卷）[M]. 北京：人民出版社，2006：124-125.

② 胡锦涛. 在庆祝清华大学建校 100 周年大会上的讲话 [N]. 中国教育报，2011-04-25.

的教育思想。

其中，希望"把文化知识学习和思想品德修养紧密结合起来"是对江泽民同志提出的"四个统一"中第一个统一的重申，可见重视大学生德育工作并将其放在三点希望的第一位，是我党历代领导人的共识，已经成为打造社会主义建设者和接班人的第一要求。第二点希望，即希望"把创新思维和社会实践紧密结合起来"，倡导创新、重视创新已经成为社会主义建设过程中的一个新特点，在高等教育领域提倡将创新思维与社会实践结合，就是向高等教育提出了更高的要求，即在创新的过程中坚持与社会实践相结合，尽快在培养人才方面形成社会效益，从而推动高等教育的快速发展。第三点希望就是"把全面发展和个性发展紧密结合起来"，这是我党的教育思想在新时期的又一新发展。提出要实现人的全面发展，要注重人的个性发展，则是在教育理念上又向前迈进了一步。一个人的全面发展不是全能型发展，更不是均衡发展，而是在尊重个性差异的基础上的全面发展。这一思想符合因材施教的基本理念，同样也成了高等教育的一项基本原则。重视个性发展也必然会成为高校德育工作中的基本教育原则之一，成为高校德育工作的基本理念。

（五）习近平总书记关于新时代大学生德育工作的新思想新论断

党的十八大以来，习近平总书记结合中国共产党人关于德育工作的经验，针对如何解决德育工作所面临的问题，进行了深入思考和科学总结，进一步丰富和发展了党的德育工作理论，为新时代德育工作的建设与创新提供了科学指南，进一步完善了我国的德育工作体系。其中，尤为重视大学生德育工作问题，如思想政治理论课要坚持"八个统一"、高校德育工作教师要贯彻落实"六个要求"、思想政治工作方法要更具针对性、思想政治工作话语更具亲和力、牢牢掌握全媒体时代意识形态话语权等是习近平总书记关于高校思想政治工作系列讲话精神的主要内容。习近平总书记关于高校思想政治工作系列讲话精神也为大学生德育工作指明了方向。

2016 年 12 月 7 日，在全国高校思想政治工作会议上，习近平总书记提出的一系列新思想、新观点、新论断，是指导新形势下做好高校德育工作的纲领性文献，对大学生德育工作具有重要的现实指导意义。

（1）高校立身之本在于立德树人[1]

习近平总书记强调，高校要把立德树人作为根本任务，这是党和国家对高等教育关于人才培养提出的总要求，突出强调了高校德育工作的重要性，为高校德育工作改革和发展指明了方向。一是高校要回归和坚守育人之道。高校承担着人才培养、服务社会、科学研究、传承文明等历史使命，其中人才培养是首要和核心任务，是其他一切任务得以完成的前提和基础。二是高校要将德育工作贯穿教育教学全过程。高校要坚持做到思想政治与教学、管理、后勤服务的有机结合，达到全员育人、全方位育人和全过程育人的目的。三是高校要将促进大学生思想品德发展和人格现代化作为人才培养的重要目标。习近平总书记在多种场合多次强调"国无德不兴，人无德不立"，高校要坚持德育工作为先、德育工作为重，以思想品德发展和人格现代化来引领和促进大学生的全面发展。

（2）因事而化、因时而进、因势而新[2]

习近平总书记强调，做好高校思想政治工作，要因事而化、因时而进、因势而新。这是在新时期、新形势下对高校思想政治工作的总要求。深刻理解和准确把握这个总要求，对加强和改进高校思想政治工作，具有重要的理论意义和实践价值。一是要准确把握大学生的思想脉搏，密切关注大学生的思想动态，遵循高校德育工作和大学生成长成才规律，及时准确有针对性地为大学生释疑解惑，引导大学生健康成长。二是要准确把握时代发展主题，紧跟时代发展步伐，与我国社会主义的现代化发展相适应，应时而动，顺时而进，使高校德育工作的目标理念、内容任务和方法手段做到关注时代发展、紧扣时代脉搏、顺应时代潮流、反映时代要求。三是要准确把握国际国内发展的新形势，主动顺应世界和中国的发展大势，沉着应对高校思想政治工作面临的新挑战和新机遇，积极推进高校德育工作的创新发展。

---

[1] 习近平在全国高校思想政治工作会议上强调：把思想政治工作贯穿教育教学全过程 开创我国高等教育事业发展新局面 [N]. 人民日报，2016-12-09.

[2] 习近平在全国高校思想政治工作会议上强调：把思想政治工作贯穿教育教学全过程 开创我国高等教育事业发展新局面 [N]. 人民日报，2016-12-09.

（3）传道者自己首先要明道、信道 ①

习近平总书记强调，教师是人类灵魂的工程师，承担着神圣使命。传道者自己首先要明道、信道。习近平总书记将高校思想政治工作者称为传道者，明道、信道是对高校思想政治工作队伍建设的总要求。明道是指教育者要正确认识事物发展的普遍规律和本质特性。于高校思想政治工作者而言，就是要正确认识我国高等教育事业，尤其是高校思想政治工作的任务、性质和重要作用，明确自身所肩负的重要历史使命。正人须先正己，教师要坚持修身意识，端正思想品德，树立正确的世界观、人生观和价值观，为学生树立榜样，努力做到以德立身、以德立学、以德施教。教师要树立学习意识，加强自身思想道德建设，提高道德认知水平，不断改进和提升德育工作的方式方法。信道是指教育者要坚定共产主义远大理想和中国特色社会主义共同理想。马克思主义揭示了人类社会发展的必然规律，树立了共产主义的远大理想。教师只有成为坚定的马克思主义者，才能成为人类文明的传播者，才能成为大学生成长成才的引导者。教师要坚持中国特色社会主义道路自信、理论自信、制度自信、文化自信，在思想上、政治上、行动上与党中央保持高度一致，牢固树立和自觉践行政治意识、大局意识、核心意识和看齐意识，为实现中华民族伟大复兴的中国梦而努力奋斗。

2019 年 3 月 18 日，习近平总书记在学校思想政治理论课教师座谈会上的讲话中强调，办好思想政治理论课，最根本的是要全面贯彻党的教育方针，解决好培养什么人、怎样培养人、为谁培养人这个根本问题。习近平总书记的重要讲话是中国特色社会主义教育理论的又一重大创新成果，是指导做好新形势下高校思想政治工作的纲领性文献。做好大学生德育工作，最根本的就是要贯彻习近平新时代中国特色社会主义思想和党的十九大精神，落实立德树人的根本任务，努力培养担当民族复兴大任的时代新人，培养德智体美劳全面发展的社会主义建设者和接班人。

强化马克思主义在意识形态中的指导地位，深入学习领悟马克思主义思想，掌握辩证唯物主义和历史唯物主义是习近平总书记德育工作论述的首要内容，德育工作要巩固马克思主义在意识形态领域的指导地位，坚定

① 习近平在全国高校思想政治工作会议上强调：把思想政治工作贯穿教育教学全过程 开创我国高等教育事业发展新局面 [N]. 人民日报，2016-12-09.

理想信念。2019年10月31日中国共产党第十九届中央委员会第四次全体会议通过的《中共中央关于坚持和完善中国特色社会主义制度、推进国家治理体系和治理能力现代化若干重大问题的决定》指出："坚持马克思主义在意识形态领域指导地位的根本制度。"①这是我们党第一次把马克思主义在意识形态领域的指导地位作为一项根本制度明确提出来，反映了以习近平同志为核心的党中央对新时代中国特色社会主义的认识提升到了一个新的境界。基于百年未有之大变局，只有坚持马克思主义在意识形态领域的指导地位，才能确保我们党在思想上、政治上、行动上的团结统一、勠力同心、攻坚克难、开拓进取。增强"四个意识"、坚定"四个自信"、做到"两个维护"，牢牢把握马克思主义在意识形态领域的指导地位。坚持中国特色社会主义方向不动摇，自觉拥护中国共产党。

第一，社会主义核心价值观是全社会意志和力量的凝聚形态，是决定德育工作内容和方向的最深层次要素。因此，社会主义核心价值观是德育工作的核心内容。德育工作要坚持以社会主义核心价值观为引领。习近平总书记在党的十九大报告中指出："社会主义核心价值观是当代中国精神的集中体现，凝结着全体人民共同的价值追求。"②培育和弘扬社会主义核心价值观是凝魂聚气、强基固本的基础；若抛弃传统、丢掉根本就等于割断了我国的精神命脉。社会主义核心价值观从国家层面、社会层面及个人层面进行阐释，反映了全体人民共同认同的价值观"最大公约数"，是中华儿女勠力同心、团结奋进的不懈动力。

第二，理想信念教育是德育工作的主要内容，是以马克思主义理仰为基本前提，以实现中华民族伟大复兴的中国梦为目标追求，以爱国主义为核心的民族精神为基本特征，以中华优秀传统文化为重要载体。习近平总书记将理想信念形象地比喻为精神上的"钙"，如果丧失了理想信念，精

① 《中共中央关于坚持和完善中国特色社会主义制度、推进国家治理体系和治理能力现代化若干重大问题的决定》[EB/OL].（2019-11-05）.www.gov.cn/zhengce/2019-11/05/content_5449023.htm?ivk_sa=1024320u.

② 习近平. 决胜全面建成小康社会 夺取新时代中国特色社会主义伟大胜利——在中国共产党第十九次全国代表大会上的报告 [N]. 人民日报，2017-10-28.

神上就会"缺钙"，就会得"软骨病"①。这一论述形象而生动地体现了坚定理想信念对人精神世界的重要作用。习近平总书记的理想信念教育观包括了以下两方面的内涵：一方面是政治信仰教育，即增强"四个意识"、坚定"四个自信"、做到"两个维护"，以马克思主义为方向，坚定理想信念；另一方面是实现中华民族伟大复兴"中国梦"的理想信念教育，旨在将国家富强和人民幸福的"中国梦"作为最根本的目标，将为实现中华民族的伟大复兴"中国梦"而不懈奋斗的理想信念固根铸魂于每一位中华儿女心中，并使之内化于心、外化于行。

第三，党史国史教育是德育工作的重要组成部分。习近平总书记指出，"历史是最好的教科书"②，学习优秀传统文化、弘扬革命精神是我们德育工作的养料和根基。德育工作要加强国史党史教育。习近平总书记指出："学习党史国史，是坚持中国特色社会主义、把党和国家各项事业继续推向前进的必修课"③，强调以史为鉴，知史爱国。高长武在文章中指出："学习党史、新中国史，就是要认真思考，我们这代中国共产党人该怎样把我们这一棒跑好，为下一代人跑出一个好成绩。"④学习国史、党史是德育工作的必修课，是德育工作的重要组成部分。

习近平总书记指出，全面依法治国是坚持和发展中国特色社会主义的本质要求和重要保障。法制教育是德育工作的重要组成部分，对于弘扬法治精神有着不可替代的作用。因此，德育工作还要包括法治与廉政教育，一方面要对人民群众开展法治观教育，让法治观念深入人心，让人民群众在处理问题时首先想的是这样做是否合法，在遇到困难时首先想到寻求法律途径。只有全民都树立坚定的遵法守法的意识，才能有效地实现依法治国的目标。另一方面，要进一步加强党员干部廉政教育，坚持党要管党、从严治党，以猛药去疴、壮士断腕的决心，旗帜鲜明推进党风廉政建设，将反腐败斗争作为长期性的任务，以持续高压的态势惩治腐败，一体推进

① 习近平在中共中央政治局第十三次集体学习时强调：把培育和弘扬社会主义核心价值观作为凝魂聚气强基固本的基础工程 [N]. 人民日报，2014-02-28.

② 习近平. 论中国共产党历史 [M]. 北京：中央文献出版社，2021：24.

③ 习近平在中共中央政治局第七次集体学习时强调：在对历史的深入思考中更好走向未来 交出发展中国特色社会主义合格答卷 [N]. 人民日报，2013-06-27.

④ 高长武. 国史党史是必修课 [N]. 中国纪检监察报. 2019-08-27.

不敢腐、不能腐、不想腐，取得全面从严治党更大实质性成就，巩固当前反腐败斗争所取得的成果，营造风清气正的政治生态环境。

德育工作还包括生态文明观教育，体现了创新性和时代性的要求，明确了以培育生态价值观来推进生态文明建设的工作思路，让生态文明意识成为全社会的共识，提升公民的生态文明素质，培养其生态文明道德。生态文明观教育要加强生态价值观宣传，在社会上形成绿色环保、低碳节约生活方式的生态文明观念。建立起完善的生态文化教育机制，多角度、全方位地开展生态文化教育，有力保障和推动生态文化理念的传播和推广，为生态文明建设提供理论和舆论上的保障。积极鼓励群众参与生态环境维护，大力倡导生态文明行为，培养生态文明道德，从而让生态文明意识成为广泛认同的社会意识。

习近平新时代中国特色社会主义思想，是对党的十八大以来我们党理论创新成果的最新概括和表述，系统回答了新时代坚持和发展什么样的中国特色社会主义、怎样坚持和发展中国特色社会主义等重大问题，这是全党全国各族人民为实现中华民族伟大复兴而奋斗的行动指南，必然会成为新时代大学生德育工作的最直接的解读与指导。

三、中国传统文化中的兼容并蓄思想

（一）兼容并蓄的哲学传统

中华民族具有悠久的历史，在上下五千年的历史长河中，创造了辉煌灿烂、博大精深、源远流长的精神文化。中国优秀文传统化沉淀着中国人民自强不息的精神追求，代表着中华民族独特的精神风貌，为社会的生生不息、民族的伟大复兴、国家的繁荣富强提供了丰厚的滋养，今天依然是我们推进改革开放和社会主义现代化建设的强大精神力量。"兼容并蓄"是中国文化的优秀传统，具有开放包容、平等共处、协调发展的文化基因与价值优势。自春秋战国时期以来，百花齐放、百家争鸣，各种思想不断涌现，彼此激荡。以孔子为代表的儒家思想家提出了"克己复礼""泛爱众而亲仁"的思想，主张建立以"仁"为中心的"过犹不及""和而不同"的"和""合"社会，强调"君子和而不同，小人同而不和"的人际关系。秦汉以后，天

下殊途同归，中国进入了封建"大一统"时期。秦人招兵买马、广纳贤才，曾"西取由余于戎，东得百里奚于宛，迎蹇叔于宋，求邳豹、公孙支于晋"，终得富国强兵。秦王朝建立之后，"一法度衡石丈尺。车同轨。书同文字"。汉代倡导礼法，德行并重。后历经三足鼎立，天下久分必合。魏晋南北朝时期，玄学风行一时，是一个个性张扬、思想解放、兼容并包的时代。此时，佛教开始在中国大面积传播，呈现出儒、释、道三教合一的趋势。进入隋唐时期，社会开明、经济发达，在文化领域形成了一种多元文化格局。自宋明理学开始，中国哲学思想逐步走向了保守与衰落。程朱理学吸收了历代儒学的思想精华，强调"理一分殊"，使中国儒家思想形成了更加严密的"形而上学"概念体系。1644年清军入关，开始了清王朝268年的统治，其间满汉文化交流融合、交互共生。自鸦片战争之后，诸多仁人志士提出了"中学为体，西学为用"思想，魏源在《海国图志》中提出"师夷长技以制夷"。民国时期，蔡元培先生担任北京大学校长时，倡导"思想自由、兼容并包"的办学方针，对北京大学的发展影响深远。

综上所述，中国传统文化中的兼容并蓄思想经久不息、历久弥新，充分说明中华民族是一个不断学习进步、不断转化创新的海纳百川的民族。

（二）有容乃大的君子人格

"为人处世"之学是中国传统文化研究的重点。《周易》中讲"天行健，君子以自强不息；地势坤，君子以厚德载物"。自强不息、厚德载物的思想，孕育着中华民族的宝贵精神品格，培育着中国人民的崇高价值追求，支撑着中华民族生生不息、薪火相传，使中华文明源远流长、绵延不绝。同时，"君子人格"是儒家思想所追求的为人处世的理想境界。"君子"一词在《论语》中属于高频词汇，一共出现了107次，君子人格伴随《论语》的流传而走入国人的心中。冯友兰曾说，孔子一辈子思考的问题很广泛，其中最根本最突出的就是对如何做人的反思，就是为人的生存寻求精神上的"安身立命之地"。[①]中国儒家传统思想文化对君子人格的设定内容丰富而广泛，包括了容貌、德行、学问、才思、情趣等。其中，有容乃大是"谦谦君子"的优秀品格，就是指君子的为人处世要胸襟博大、宽厚仁慈，谦

---

① 冯友兰. 中国哲学史新编（第一册）[M]. 北京：人民出版社. 1982.

虚谨慎、和而不同，兼容并蓄、博采众长。子曰："君子坦荡荡，小人长戚戚。"就是说做人要像君子一样心胸宽广、视野开阔，从大处着眼、小处着手，而不能像小人一样，心胸狭窄、鼠目寸光、斤斤计较。子曰："君子成人之美，不成人之恶。"意思是作为君子，要帮助好人广做好事，不助纣为虐帮助坏人做坏事。子曰："君子泰而不骄，小人骄而不泰。"是指君子为人处世，态度端正安详，面容舒展而泰然处之，即使是位高权重也不骄傲自满；相反小人往往会志得意满、骄矜傲慢、盛气凌人，很难做到平和坦荡。这些至今依然活跃在中国人口头的君子格言，已经不同程度地成为中华儿女为人处世的生活信条，成为人们做人做事的价值判断和行为准则。它以习用而不察、日用而不觉的形式，影响着我们认识问题的视野、思考问题的角度，规范着我们处理问题的方式，调整着我们与人相处的态度、作风和格调，如同血脉一样流淌在每一个中华儿女的身上。

（三）兼济天下的家国情怀

儒家的"君子人格"重视自我的修身养性，但修身养性的目的是要正确处理个人与他人、个人与社会、个人与国家、个人与天下的关系。因此，君子必须具备"兼济天下"的家国情怀，做到"穷则独善其身，达则兼济天下"。这种思想为历代文人学者所推崇。孔子曰："君子喻于义，小人喻于利。"可见君子乐得其道，小人乐得其欲。在《孟子·梁惠王上》中提到："老吾老，以及人之老；幼吾幼，以及人之幼。"意思是要孝老爱亲、尊老爱幼，要推己及人，己所不欲，勿施于人。楚国诗人屈原在《离骚》中讲："长太息以掩涕兮，哀民生之多艰。"倾诉了诗人对人民生活的关切，终因报国无门，秦军入楚，山河破碎，抱憾投江。唐代现实主义大诗人杜甫在《茅屋为秋风所破歌》中讲到："安得广厦千万间，大庇天下寒士俱欢颜"。在秋风起、茅屋破的境遇下，诗人触景生情，推己及人，憧憬广厦万间寒士欢颜，表达了希望变革"朱门酒肉臭，路有冻死骨"的黑暗现实之崇高理想，是诗圣忧国忧民爱国情感的自然流露。宋代范仲淹在《岳阳楼记》中讲："先天下之忧而忧，后天下之乐而乐"。他将国家民族利益置于个人利益之上，将为国担忧、为民分愁放在个人安乐之前，表现出诗人远大的政治抱负。国家兴衰、民族存亡与每一个人息息相关，顾炎武在《日知录》

中发出了"天下兴亡，匹夫有责"的慨叹。孙中山先生则提出"大道之行也，天下为公"，希望以资产阶级的民主共和替代封建皇帝以国为家、家国一体的专制统治。凡此等等都是"兼济天下"的家国情怀的具体体现。

（四）兼容并蓄思想的启示

中国传统文化中的兼容并蓄思想，不仅是一种谦虚谨慎、虚心做人的精神理念，还是一种充满智慧的为人处世方法。在漫长的历史进程当中，兼容并蓄、海纳百川的精神，作为中国士大夫阶层所秉持的价值观和方法论，始终激励着大家不断学习他人的长处，转化成为自己的东西，并形成本民族的特色。这是中华文明的一大特征，为德育工作集成创新提供了文化滋养。

1. 读书治学做人中的虚怀若谷

教育是一种信息的传递，是一种文化知识的传承活动。学生只有"知之为知之，不知为不知"，怀有对未知知识的热烈渴望和浓厚兴趣，才能把对知识的追求变成一件愉快的事情。正如毛泽东同志在中共八大开幕词中所说："虚心使人进步，骄傲使人落后，我们应当永远记住这个真理。"[①]做人犹如治学，牟宗三先生曾讲："为人不易，为学实难""无论为人或为学同是要拿出我们的真实生命才能够有点真实结果"[②]。谦虚是一种美德，德育工作从根本上来讲是"做人的工作"。2019 年 3 月 18 日，习近平总书记主持召开学校思想政治理论课教师座谈会并发表重要讲话，指出"思政课教师，要给学生心灵埋下真善美的种子，引导学生扣好人生第一粒扣子"[③]。教会青年人懂得谦虚比什么都重要，一定要培养他们谦虚的性格。

2. 教学方法兼容中的综合运用

教学方法关系到教学效果的好坏与教学工作的成败。中国传统文化中的兼容并蓄思想，体现在教学方法的使用上，就是要综合分析多种教学方法各自的优势与不足，并结合教学内容和教学对象的特点进行融合使用，以提高教学的整体性效果。近年来，思想政治理论课教学方法早已突破了简单的"灌输式教学"，呈现出方法多样化的态势，尤其是现代化教学方

① 中共中央文献研究室编. 毛泽东文集（第七卷）[M]. 北京：人民出版社，1999：117.

② 牟宗三. 为学与为人 [J]. 中国大学教学. 2003（01）：44.

③ 习近平. 论党的宣传思想工作 [M]. 北京：中央文献出版社. 2020：379.

法与手段层出不穷，如慕课、微课、翻转课堂、对分课堂、"雨课堂"、易班课堂、云课堂、"壹课堂""蚂蚁课堂"等。相较于这些方法，传统教学方法有讲授法、案例教学法、互动式教学法、讨论式教学法、情景体验教学法、探究式教学法、问题式教学法等。传统教学方法和现代教学方法，各有优缺点，传统方法重视系统性的知识传授，现代教学方法注重学生的积极参与。好的教学绝不能"一个方法打天下"，要注重方法的合理选择与综合使用，尤其要把传统教学方法与现代教学方法融合起来。

3. 教学内容兼容中的博采众长

优秀传统文化是中华民族共同的精神家园，具有世界文化意义，是人类宝贵的精神财富。因此，要在去粗取精、去伪存真的基础上，坚持古为今用、洋为中用、百花齐放、推陈出新，努力实现中华优秀传统文化的创造性转化、创新性发展。弘扬和传承优秀传统文化，主要在于入心入脑，要内化为我们每个人的日常言行。这要求我们从教育抓起，发挥课堂教学的主渠道作用，在教学、研究体系中坚守中华民族的文化基因和精神命脉。所以，优秀传统文化理所当然是德育工作的主要内容。我们要从传统文化当中吸取营养和力量，传承精神价值，激发爱国热情，弘扬以爱国主义为核心的民族精神和以改革创新为核心的时代精神。兼容并蓄精神是中华民族优秀传统文化的重要组成部分。只有做到兼容并蓄，才能实现博采众长。司马迁在《报任安书》中讲"究天人之际，通古今之变，成一家之言"。从辩证逻辑来看，兼容并蓄是量的积累过程，博采众长是质的飞跃阶段，只有博览群书、兼容并蓄，才能吐故纳新、博采众长，成一家之言。因此，兼容并蓄思想不仅丰富了德育工作的内容，而且在方法论上具有启迪作用。

4. 教学理念兼容中的有教无类

儒家思想的创始人孔子，开坛讲学、广收门徒，据传有"弟子三千，贤人七十二人"，是我国伟大的教育家。孔子的教育思想，以"仁、义、礼、智、信"为核心，具有丰富的思想内涵。在《论语·卫灵公》中，子曰："有教无类"。按照当前绝大多数学者的观点，"有教无类"是指不论贫富贵贱、不论地域界线、不论智愚善恶，都有平等的接受教育的权利。但是也有学者认为，"有教无类"另有他意，是指"有教无聆"，意思是"如果对民众进行以仁义为核心的军事教育，就不会上下离心离德，导致国家覆亡"①。遵从绝大多数人的理解，孔子"有教无类"的教育思想体现了教育公平的理念，对后世产生了举足轻重的影响。一方面，在教育对象上"有教无类"，北宋大学士汪洙在《神童诗》中写下："天子重英豪，文章教尔曹；万般皆下品，惟有读书高。""朝为田舍郎，暮登天子堂；将相本无种，男儿当自强。"强调读书的重要作用，把读书视为人生的最高价值，鼓励每一个人都应该读书，只是在封建社会，广大劳动群众根本没有接受教育的经济条件和权利。另一方面，在教育内容上"有教无类"，普遍重视思想品德和伦理教育，主要教授六经（诗、书、礼、乐、易、春秋）和六艺（礼、乐、射、御、书、数）。同时，在教育方法上主张言传身教，《论语·子路》中讲："其身正，不令而行；其身不正，虽令不从。"由此可见，教育对象上主张一视同仁，教育内容上注重思想品德教育，教育方法上强调言传身教。这些教育理念，在今天对我们开展大学生德育工作仍然具有重要的借鉴价值。

四、西方学界道德教育理论

西方道德教育理论能够为研究我国新时代大学生德育工作提供依据、借鉴和参考。虽然世界各国的历史、文化、社会制度各不相同，教育理念亦不一致，思想道德教育的理论亦可谓大相径庭，但是，德育工作在全世界一直都是现代学校教育，包括高等教育在内的一个重要组成部分。美国道德教育哲学家约翰·杜威（John Dewey）指出："教育是社会进步和社会改革的基本方法，教育对社会的责任便是它的至高无上的道德责任。"②中外德育工作理论比较研究，有助于在全球化背景下借鉴更多的有益经验及理论精华，推进我国大学生思想道德教育理论与实践的提升。③

西方思想道德教育理论在道德教育的实践中不断变化和发展，融入了各种思潮和多种文化元素，呈现出多元并存、纷繁复杂的局面。

---

① 章小谦. 孔子"有教无类"思想新探 [J]. 大学教育科学. 2019（04）19.

② 杜威. 道德教育原理 [M]. 王成绪，等，译. 杭州：浙江教育出版社，2003：363-364.

③ 王宏维，郑永廷主编. 大学生思想政治教育与管理比较研究 [M]. 北京：高等教育出版社，2010：39.

（一）实用主义道德教育理论

实用主义教育学的创始人杜威是美国唯心主义哲学家、社会学家、教育家、实用主义者。[①] 他是西方哲学史和教育史上举足轻重的人物，在西方的道德教育方面占据重要地位，《道德教育原理》是其道德教育的主要理论著作。他的一些道德教育口号体现了他的实用主义道德教育理论，如"教育即生活、生长和经验的改造""学校即社会"，学校德育工作须"以学生为中心"。这些口号至今仍对西方，特别是美国的学校道德教育产生深远影响。他主张，道德教育应当是学校各科教学的首要目标，无论教授哪门课程，都必须首先注重提升学生的道德品质。他认为，学校本身就是社会生活的一种形式，学生也是社会的一员，只有将学校的道德教育与社会生活有效地结合起来，学校才能真正成为成功的道德教育场所。学生的道德观念实际是他们从自己的道德实践中感悟和建立起来的。良好的道德教育应注重学生的实践经验和行为，只有这样，才可能对学生的实践行为产生重大影响。

（二）公民教育及"劳作"学校理论

"国家公立学校的目的——也就是一切教育的目的——是教育有用的国家公民。"[②] 在校学习时，学生应通过具有教育价值的个人活动方式——"劳作"，来认识集体、了解集体、融入集体，并借此增强集体观念，提升道德修养，培养责任感和牺牲精神，这就是"劳作教育"，即要成为公民并为国家尽义务，必须从事某种具体的劳动。该理论的主要倡导者是德国教育家乔治·凯兴斯泰纳（Kerschensteiner Georg），他的相关著作主要有《德意志青少年的公民教育》《国家公民教育的概念》和《劳作学校要义》等。凯兴斯泰纳认为，"劳作教育"是公民教育不可或缺的前提条件，实施这一教育的组织机构即"劳作学校"（也译为"工作学校"）。学生通过在"劳作学校"的共同学习和劳动，学习公民知识，发展职业技能，接受道德教育和道德训练，养成公民品质、爱国心、忠诚和为国家、为集体、为他人服务的奉献精神，使自身的知识技能和个人道德修养都达到国家的需要，

---

① 辞海. 哲学分册 [M]. 上海：上海辞书出版社，1980：386.
② 凯兴斯泰纳. 工作学校要义 [M]. 刘钧，译. 北京：商务印书馆，1936：12.

进而成为有用的国家公民。

（三）人本主义道德教育理论

人本主义道德教育理论在西方源远流长，至今仍对当代西方道德教育有重大影响。该理论的主要代表人物是美国心理学家亚伯拉罕·马斯洛（Abraham Harold Maslow）。马斯洛提出了人本主义心理学，并提出了"需求层次理论"。他认为"需求"是与道德教育紧密相连的人的基本动机，是构成所有人发展的最基础、最重要，也是唯一的原则。马斯洛"需求层次理论"的要义是：人是一个复杂的有机体，具有不同的内在需求，这些内在的需求构成了他最基本的行为内在动机。人的高级需求只有在低级需求得到满足后才会产生，低级需求的满足可促进高级需求的发展，这是一个螺旋上升的过程，也是人成长和自我实现的过程。人的需求从低级至高级有五个层次：生理需求、安全需求、归属和爱的需求、自尊的需求、自我实现的需求。马斯洛人本主义道德教育理论的核心和标志是"自我实现"。马斯洛的人本主义道德教育理论主要，建立在他的人本主义心理学基础上，其理论论及了不少与道德教育相关的心理问题，为道德教育提供了必要的心理学基础。

（四）社会学习道德教育理论

这一理论的主要代表人物是阿尔伯特·班杜拉（Albert Bandura）。他认为，人的行为既不是由他个人单独决定的，也不是由外部环境单独造成的，而是个人与环境内外两方面相互作用的结果。班杜拉通过对青少年行为的研究，强调青少年行为与"榜样示范"之间的关系。他强调"榜样示范"对人的行为的重要作用，青少年通常是在周围成人榜样的影响下形成特定道德行为的，这被称为道德教育的"榜样示范模式"。[1]该模式是社会学习道德理论的核心观点。

（五）价值澄清道德教育理论 [2]

价值澄清理论是当代美国影响最为深远的道德教育理论之一，它兴起

---

① 班杜拉. 社会学习心理学 [M]. 郭占基，译. 长春：吉林教育出版社，1988：22.

② 袁桂林. 当代西方道德教育理论 [M]. 福州：福建教育出版社，2005.

于 20 世纪 60 年代，曾一度在美国不少学校建立了实践教学基地，因此对西方道德教育产生了重大影响。其代表人物主要有路易斯·拉斯（Louise Raths）和悉米·西蒙（Sidmey B. Simon）等。价值澄清道德教育理论的创立者认为，当代社会人们的价值观纷繁复杂，导致人们不知该如何选择自己的价值观，尤其是青少年在这方面更加迷惘。因此，运用一些特殊的方法和途径来澄清人们的价值观，是道德教育的一个重要方面。价值澄清道德教育理论主张避免道德说教，鼓励学生以自己的思考来明确及形成自己的价值观。教师只是为学生提供一种情境，营造一种开放的氛围来帮助受学生。教师应相信每个学生都有独立思考和选择的能力，能够对问题做出独立自主的判断。

大胆吸收、借鉴国外有益的道德教育知识、经验和方法，能够充实、丰富和发展我国大学生思想道德教育工作。研究新时代大学生德育工作，必须"面向现代化、面向世界、面向未来"[1]。而面向世界，就是要分析、甄别、吸收和借鉴其他国家的优秀成果。"不同国家德育工作理论基础中，都包含有从国外吸收过来的成分。"[2]"西方发达资本主义国家的道德教育体系无疑是为维护其资本主义制度服务的，但是我们不能仅就意识形态的差别而简单地对其道德教育做出肯定或否定的评价，应该在具体分析的基础上做出判断。"[3]以上五个典型的西方道德教育理论能够为新时代大学生德育工作研究提供一定的理论依据。

---

① 邓小平. 邓小平文选（第三卷）[M]. 北京：人民出版社，1993：35.

② 王瑞荪. 比较思想政治教育学 [M]. 北京：高等教育出版社，2001：144-145.

③ 苏振芳. 当代国外思想政治教育比较 [M]. 北京：社会科学文献出版社，2009：90.

第三章　改革开放以来大学生德育工作制度的建设历程

当前，随着我国国家治理体系和治理能力现代化的推进，"制度建设"成为社会各个领域关注的热点问题。深化高等教育综合改革，必须紧紧围绕人才培养的中心任务，以制度改革为突破口，以建立现代大学制度为根本，不断提升高等教育治理能力和治理水平。高校大学生德育工作制度建设是高校德育工作顺利进行的重要保障。大学生作为我国十分重要的人才资源，肩负着实现祖国繁荣昌盛和中华民族伟大复兴的历史重任。我们必须深入总结和分析改革开放以来大学生德育工作制度建设的经验，坚持党的领导，深化党对高校德育工作的组织领导保障，以马克思主义为指导，重视对大学生进行社会主义核心价值观和中国梦的价值导向，牢固树立高校德育工作的阵地意识，始终把制度建设作为当前大学生德育工作的重要任务。

本章梳理改革开放以来大学生德育工作制度建设的历史进程，阐述改革开放以来大学生德育工作制度建设的主要成果，并总结改革开放以来大学生德育工作制度建设的基本经验，为切实提升新时代大学生德育工作实效提供现实依据。

一、改革开放以来大学生德育工作制度建设的历史进程

正如中华民族复兴的历程一样，我国大学生德育工作制度建设也是在曲折中前进的。改革开放以来，我们克服困难，集中力量，全力地进行社会主义建设。与此同时，大力进行德育工作制度建设，不仅积累了许多经验教训，还形成了丰硕的制度建设成果，呈现出鲜明的特点。我国大学生

德育工作制度建设的总趋势是向前的。在总体向前的趋势下，制度建设的稳步推进及具体制度的不断完善，使高校德育工作井然有序地进行。

改革开放以来，大学生德育工作制度建设的发展阶段与大学生德育工作的发展阶段基本一致。目前主要有以下几种划分标准：一是以高校思想政治理论课程的发展为划分标准；二是以高校德育工作目标的变化发展为划分标准；三是以德育工作学的发展及其代表性专著成果为划分标准。

在前人研究的基础上，笔者认为，改革开放以来大学生德育工作制度建设的发展历程可以参照高校德育工作的发展历程来划分。因此，本书将其具体划分为：大学生德育工作制度建设的恢复重建阶段（1978—1986 年）；大学生德育工作制度建设的稳步发展阶段（1987—2003 年）；大学生德育工作制度建设的强化发展阶段（2004—2011 年）；大学生德育工作制度建设的全面发展阶段（2012 年至今）。

（一）大学生德育工作制度建设的恢复重建阶段（1978—1986 年）

1966—1976 年，整个教育战线遭到破坏，大学生德育工作制度建设出现停滞与逆转。为抓紧恢复德育工作，邓小平同志把高校德育工作发展放在突出位置，要求学校和学生要永远把坚定正确的政治方向放在第一位。在马克思主义理论的指导下，在"解放思想，实事求是"方针的引领下，大学生德育工作进入全面恢复和科学探索时期。

党的十一届三中全会后，我国社会主义建设进入了新时期。教育是为社会主义建设事业服务的。为了培养社会主建设者和接班人，不仅要注重学生科学文化水平的提升，更要着力提高学生的思想政治觉悟，以便更好地为社会主义建设服务。在社会主义建设的新时期，必须把培育"四有"新人置于战略地位。要结合时代要求，培育共产主义事业的合格建设者和接班人。共产主义事业的最终目标需要优秀的共产主义新人接力完成和实现。实现共产主义远大目标，实现社会主义现代化共同理想，离不开对"四有"新人的培育。因此，在社会主义建设的新时期，"四有"新人的培育任务尤为重要。

对于这段时期，我们可以从高校德育工作学科发展上，进一步了解其制度建设的具体情况。改革开放以前，虽然我国部分师范院校已经专门为中学培养政治课教师而开设了思想政治教育专业，但对于高校德育工作专门人才的培养，正式开始于1984年。1984年，我国开启了大学生德育工作队伍专业化培养的新征程，分别在12所高校①正式开设思想政治教育专业。我国自1984年起，在设立思想政治教育专业学士学位基础上，同年6月又增设了思想政治教育专业第二学士学位，1986年开设思想政治教育硕士学位，1996年进一步增设了思想政治教育专业博士学位。自此，德育工作专业形成了系统的"本硕博"一体化人才培养模式。可见，无论在德育工作学科发展上，还是高校思想政治工作人才的培养上，党和国家都给予了充分的制度保障和政策支持。

（二）大学生德育工作制度建设的稳步发展阶段（1987—2003年）

教育是为社会主义建设事业服务的。在大学生德育工作制度建设的稳步发展阶段，中心任务是进行经济建设。因此，大学生德育工作必须适应社会主义市场经济的发展。此时，稳步推进制度建设成为优化大学生德育工作的有效途径。20世纪90年代，为保障大学生德育工作制度建设，我国陆续出台了德育工作相关文件和法律法规。1989年，为加强高校学生思想政治工作，培养具有正确政治方向、良好道德品质和文明行为习惯的社会主义建设专门人才，国家教育委员会颁布《高等学校学生行为准则（试行）》方案。该行为准则在政治、思想、纪律、品德、科学文化等方面都对高校大学生有所要求，尤其指出在政治上要坚定正确的政治方向，热爱社会主义祖国，拥护共产党的领导和社会主义制度。改革开放以来，党和国家致力于用明确、细化的行为准则，规范引导大学生的日常行为，以制度建设的形式推动大学生德育工作的稳步发展。1991年，为坚守高校马克思主义理论阵地，党中央对高校马克思主义理论教育提出了若干意见，在高校马克思主义理论教育的作用、定位、教学方法、队伍建设和组织领导等具体方面都提出了建设性的指导意见。1995年《中国普通高等学校德育工作大纲（试行）》明确要形成以爱国主义、集体主义和社会主义教育为核心的

---

① 清华大学、北京科技大学、首都师范大学、东北师范大学、南开大学、西安交通大学、中山大学、复旦大学、华东师范大学、武汉大学、华中师范大学、西南师范大学——笔者注

高校德育工作内容。[1]1999 年《教育部面向 21 世纪教育振兴行动计划》对大学生的文化素质提出了更高的要求。

以上述指导性文件为依据，把相应的指导性文件具体化，我国进一步颁布了涉及课程内容、队伍建设、网络德育工作等内容的一系列辅助性指导文件。例如：首先，在高校思想政治理论课上，为充分发挥思想政治理论课在大学生德育工作中的主渠道作用，制定了系列课程体系改进意见。其次，在思想政治教师队伍建设上，以制度建设为保障，重视教师队伍的培育及其专业能力的提升。最后，在政策法规的制定上，强调尊重学生的主体地位，关注学生的成长。1999—2003 年陆续印发了系列大学生德育工作学生管理、德育工作改进、文化素质教育基地建设、心理健康工作、法制教育工作开展等通知。这些通知不仅全面覆盖到各级各类大学生，还涉及大学生的公寓住宿管理、文化素质教育、心理健康教育、法制教育、网络素养教育、主题实践活动开展等各方面有助于学生生活保障和道德素质全面提升的内容。

全国高校积极响应和落实大学生德育工作相关文件指示，根据各校自身实际，切实制定大学生德育工作细则。从具体制度开始落实，平稳把控各个环节，不断以制度建设的方式，促进高校德育工作常态化、制度化、规范化、科学化。例如：在高校细则方面，1988 年清华大学根据《中华人民共和国高等教育法》和《中国共产党普通高等学校基层组织工作条例》，并结合自身的实际情况，制定了《清华大学管理体制条例》；1999 年《新疆石油学院教书育人工作若干规定》，要求分别从培训制度、激励机制、约束机制等出发，深入开展教书育人工作；2001 年《浙江大学本科学生综合素质测评实施办法》中涉及"德"的测评内容提到，学校要求每个学生必须做到的行为包括政治、学习、生活等方面活动的出勤情况，同时对于违反法律、违反校纪校规和违反社会公德等行为，采取坚决反对学生参与并予以纪律处分的态度；2003 年洛阳师范学院为使高校网络素养教育规范化、制度化，提出要明确和完善网上值班制度、上网统计制度、网上稿件内容审查制度等网络监管制度。

---

① 教育部思想政治工作司组编. 加强和改进大学思想政治教育重要文献选编（1978—2014）[M]. 北京：知识产权出版社，2015：155.

（三）大学生德育工作制度建设的强化发展阶段（2004—2011 年）

2004 年以前对大学生德育工作的明文规定都是包含在学校的相关文件中，没有单独命名的纲领性文件。直到《中共中央国务院关于进一步加强和改进大学生思想政治教育的意见》文件的出现，打开了大学生德育工作及其制度建设的新局面。该文件不仅明确了大学生德育工作的战略地位，还进一步指出了在主要任务、基本原则、课堂教学、队伍建设、社会环境营造等方面的具体内容指示。2005 年 12 月《关于调整增设马克思主义理论一级学科及所属二级学科的通知》明确要求，高校思政治教育专业在其二级学科的学科概况、培养目标、业务范围及主要相关学科等方面都需进行具体的调整，高校思想政治教育专业也随之进入科学化发展阶段。

2011 年 10 月党的十七届六中全会要求，要着力进行社会主义文化建设，推动社会主义文化大发展大繁荣。会议进一步明确了实施立德树人工程，加快推进高校思想政治理论课教材、课程方案、教学评价体系的修订与完善，提高大学生德育工作科学化水平，培养高水平的德育工作专家和专业化辅导员队伍等具体要求。

2004—2011 年，我国全面总结了上一阶段大学生德育工作制度建设的成功经验，深刻而准确地分析了德育工作制度建设面临的新形势，科学规划和精准制定了适合本阶段大学生德育工作制度建设的政策。在这个过程中，大学生思想政治教师队伍建设、课程建设、体制机制建设都得到了较大的发展。大学生德育工作制度建设面临着新的发展机遇，因此需要乘胜追击，全方位地落实好制度建设的各个环节。

（四）大学生德育工作制度建设的全面发展阶段（2012 年至今）

随着我国迈入新时代，大学生德育工作制度建设得到全面发展。2014 年、2016 年均印发了《关于进一步加强和改进新形势下高校宣传思想工作的意见》，2019 年印发了《关于深化新时代学校思想政治理论课改革创新的若干意见》。这些意见的陆续颁布，体现了新时代我国在大学生德育工作制度建设上的良好发展态势。为了更好地将德育工作与学生成长过程相结合，与整个教育事业相融合，与全体教师教书育人实践相符合，国家于 2020 年 5 月印发了《关于加快构建高校思想政治工作体系的意见》，给高校思想政治制度建设提供了明确的行动指南。从一系列关于高校大学生思想政治工作的国家政策法规中可以看出，新时代党和国家对大学生德育工作的高度重视，以及在大学生德育工作制度建设方面做出的不懈努力。在以习近平同志为核心的党中央领导下，我国大学生德育工作制度建设进入了全面发展阶段。

中华人民共和国教育部（以下简称教育部）于2017年2月发布的《普通高等学校学生管理规定》，旨在以明文形式规范普通高等学校学生的行为，培养德智体美等全面发展的社会主义建设者和接班人。该文件向大学生提出了增强法制观念、遵守法律法规、遵守道德规范、遵守学校制度、培养良好道德品质和行为习惯的要求。全国各高校积极响应国家指导，落实指导性文件。2017年，武汉大学、西南大学、东北师范大学等高校都依据上级相关法律法规和本校章程，结合学校具体实际，分别制定了《武汉大学学生管理规定》《西南大学学生管理规定》和《东北师范大学学生管理规定》。其中，东北师范大学保持师范院校的特色，其学生管理规定制定了"培养优秀教师和教育家以及其他各级各类专门人才"的特色内容。2017年10月，华中师范大学为发挥学生思想政治素质在人才培养上的重要作用，特在其《华中师范大学学生管理办法》的基础上，制定了《华中师范大学学生思想政治素质课程管理细则》。该细则对华中师范大学学生思想政治素质课程的课程设置、开课条件与程序、课程变动、学生选课、课程考核、管理机构及其职责，以及相关支持措施都进行了详细说明。这有利于进一步推进其思想政治素质课程学分制度，完善思想政治素质课程体系，规范学生思想政治素质课程建设与运行，提升教师德育工作教学水平和学生的思想政治素养。

二、改革开放以来大学生德育工作制度建设的主要成果

虽然目前我国大学生德育工作制度建设成果多以明文形式呈现，但大学生德育工作制度建设成果更为重要的部分，还要属一些已经形成的不成文的德育工作模式化的成果。譬如，坚持以理想信念教育为核心，采用三全育人、协同育人等机制开展德育工作。具体展开来说，改革开放以来大

学生德育工作制度建设成果主要体现在以下五个方面。

（一）大学生德育工作目标定位日益明确

改革开放以来，我国大学生德育工作制度建设随着高等教育现代化和德育工作科学化的发展而发展。大学生德育工作制度建设推动和实现了大学生德育工作目标定位的转型。在对大学生人才的培养上，逐渐从单一的适应社会的人才培养目标向如今促进人的全面发展目标转变，人才要求从初级向高级转变。

1978 年，教育部印发《关于讨论和试行〈全国重点高等学校暂行工作条例〉（试行草案）的通知》，明确高校要"培养社会主义革命和社会主义建设所需要的各种专门人才"，要使高校学生成为德智体多方面发展的，有社会主义觉悟的有文化的劳动者[①]。1987 年《关于加强研究生思想政治工作的几点意见》强调，要"建设具有中国特色的社会主义需要培养一代又一代有理想、有道德、有文化、有纪律的宏大的知识分子队伍"[②]。这段时期概括来说，就是要把学生培养为德智体全面发展的德才兼备的高质量"四有"人才。相较之前的"德才兼备"，补充了"高质量"三个字。这充分展现了我国在人才培养上的高标准和高要求。

随着我国社会主义现代化建设进入新阶段，社会经济体制产生了深刻变化，社会主义市场经济体制逐步建立，大学生德育工作制度建设面临着新形势。新形势下，高校德育工作培养目标大方向依旧与上一阶段保持一致，但部分细节上有所微调。例如，1993 年 8 月《关于新形势下加强和改进高等学校党的建设和思想政治工作的若干意见》提到，"高校肩负着培养社会主义现代化建设高级专门人才的重任"[③]，与之前的不同之处在于，多了"高级"二字。1999 年中央指出要培养"有理想、有道德、有文化、有纪律"

---

① 教育部思想政治工作司组编. 加强和改进大学生思想政治教育重要文献选编（1978—2014）[M]. 北京：知识产权版社，2015：1.

② 教育部思想政治工作司组编. 加强和改进大学生思想政治教育重要文献选编（1978—2014）[M]. 北京：知识产权版社，2015：70.

③ 教育部思想政治工作司组编. 加强和改进大学生思想政治教育重要文献选编（1978—2014）[M]. 北京：知识产权版社，2015：129.

的、德智体美等全面发展的社会主义事业的建设者和接班人①。

2004 年印发的《中共中央国务院关于进一步加强和改进大学生思想政治教育的意见》明确了将加强和改进大学生德育工作的战略定位，指出了提高大学生的思想政治素质，促进大学生的全面发展，使其成为中国特色社会主义事业的建设者和接班人的培养目标。2012 年印发的《教育部关于全面提高高等教育质量的若干意见》中强调，要"全面实施素质教育，把促进人的全面发展和适应社会需要作为衡量人才培养水平的根本标准"，提出了"落实文化知识学习和思想品德修养、创新思维和社会实践、全面发展和个性发展紧密结合"的人才培养要求。②2017 年，党的十九大报告明确了"中国特色社会主义进入了新时代"的重大判断。新时代要努力培养为中国特色社会主义事业和为中华民族复兴大任奋斗终身的，"有理想、有本领、有担当"的时代新人。

由此可见，改革开放以来我国大学生德育工作培养目标的变化趋势是，从初级人才向高质量、高级专门人才的转变，从德智体到德智体美等全方面的转变，从"四有"青年到"三有"时代新人的转变。大学生德育工作在适应社会发展的过程中，不断调整、不断更新，不断制定更高的目标，不断追求更高的质量。

（二）大学生德育工作课程建设日趋科学

高校思想政治理论课是大学生德育工作的主渠道。科学开展高思想政治理论课程建设是使其充分发挥主渠道作用的关键。我国历来重视对马克思列宁主义理论的学习，将改进和加强马克思列宁主义理论教育作为学生思想工作的核心。开设马克思列宁主义理论课，是社会主义大学的特点③。以下主要从课程建设和教材建设两方面入手，阐述高校思想政治理论课程建设。

① 教育部思想政治工作司组编. 加强和改进大学生思想政治教育重要文献选编（1978—2014）[M]. 北京：知识产权版社，2015：191.
② 教育部思想政治工作司组编. 加强和改进大学生思想政治教育重要文献选编（1978—2014）[M]. 北京：知识产权版社，2015：532.
③ 教育部思想政治工作司组编. 加强和改进大学生思想政治教育重要文献选编（1978—2014）[M]. 北京：知识产权版社，2015：5.

在课程建设方面，改革开放以来，在党的统一领导和指挥下，我国高校马克思列宁主义课不断创新发展，形成了目标明确、内容丰富、设置合理的高校思想政治理论课。高校思想政治理论课具有目标明确的特点。于1978年起草，1980年正式印发的《改进和加强高等学校马列主义课的试行办法》明确了高校马列主义理论课的地位和任务。该办法指出要对学生进行马列主义、毛泽东思想的基本理论教育，使学生准确理解其科学体系，提高社会主义觉悟，逐步树立无产阶级世界观，学会初步运用马克思主义方法论解决实际问题。1982年中央提出共产主义思想品德课的任务是，"要帮助学生逐步树立共产主义人生观和培养共产主义道德品质"[1]。1986年要求用3~5年的时间对政治理论课教学进行改革，逐步开设新课程。[2]可见，高校思想政治理论课程的每个阶段都制定了明确的目标和任务，为大学生德育工作的开展提供了方向。

高校思想政治理论课具有内容丰富的特点。改革开放以来，高校思想政治理论课在内容上，最初是以马列主义课程为主，逐渐增设自然辩证法方面的课程、共产主义思想品德课、中国社会主义建设基本问题课程、法律基础课等内容，最终形成了以高校"马克思主义理论课"和"思想品德课"（简称"两课"）为主的高校思想政治理论课。1980年在高校马列课的开设内容上，主要是对本科开设中共党史、政治经济学、哲学，文科专业加开国际共产主义运动史，试开科学社会主义的课程。1981年，有的高校尝试对理工类研究生，或相关专业本科生，开设自然辩证法方面的课程。1982年，部分高校为有计划地对学生进行革命人生教育、共产主义道德品质教育和爱国主义教育，开设了"共产主义思想品德课"。1984年，为增强马列主义理论教育的现实性，高校又增设了"中国社会主义建设基本问题"课程。1986年，国家教育委员会指示要在高校开设"法律基础课"。1987年要求将"形势与政策"和"法律基础"两门必修课程设置提上日程，于1988年正式发文增设"形势与政策"课程。社会主义建设的新时期，在

---

① 教育部思想政治工作司组编. 加强和改进大学生思想政治教育重要文献选编（1978—2014）[M]. 北京：知识产权版社，2015：34.

② 教育部思想政治工作司组编. 加强和改进大学生思想政治教育重要文献选编（1978—2014）[M]. 北京：知识产权版社，2015：44.

邓小平理论的指导下，1998年增设了"邓小平理论概论"课程。

高校思想政治理论课具有设置合理的特点。改革开放以来，高校思想政治理论课程逐渐由最初的"中共党史""政治经济学""哲学"三门必修发展到如今的"马克思主义基本原理概论""中国现代史纲要""思想道德与法制""毛泽东思想和中国特色社会主义理论体系概论"四门必修。马列主义理论课的教学时长由专业和学制的不同而具体确定。例如：1980年面向全国本科高校，理工农医专业开设"中共党史""政治经济学""哲学"三门课，每门课全年总学时不少于70学时；文科专业开设"中共党史""政治经济学""哲学""国际共产主义运动史"四门课，每门全年总学时不少于105学时。①1995年"两课"教学改革意见后，对于"马克思主义理论课"的教学，分别是四年本科文科类不少于250学时，理工农医类不少于200学时，三年制专科不少于150学时，二年制专科不少于100学时；"思想品德课"四年本科不少于85学时，专科不少于68学时。②2005年《关于进一步加强和改进高等学校思想政治理论课的意见》指出了高校思想政治理论课在课程门数设置、教学时长变化、不同专业教学目标方面的明确要求。在课程内容方面，提出要面向全体本专科开设"形势与政策"课程的要求。综上，改革开放以来，我国高校思想政治理论课程门数和学时设置等方面的内容，始终是根据我国当前社会发展要求和学生身心发展规律进行调整和变化的，始终保持了课程设置的合理性与科学性。

在教材建设方面，改革开放以来，国家相关部门和高校积极组织力量、创造条件，推动高校思想政治理论教材建设，逐步建立起了具有中国特色的教材体系。教育委员会直接组织专家研究方案、制定大纲、编写教材、管理教材。在教材的编写、订制和选用上，由国家教育委员会统一编写、审定和推荐使用参考教材，各地方教育行政部门、高校可根据实际需要自行编写和选择教材。例如，1986年由中华人民共和国司法部审定的《干部法律知识读本》为高校"法律基础"课提供了官方参考教材。2004年提出

---

① 教育部思想政治工作司组编. 加强和改进大学生思想政治教育重要文献选编（1978—2014）[M]. 北京：知识产权版社，2015：9.

② 教育部思想政治工作司组编. 加强和改进大学生思想政治教育重要文献选编（1978—2014）[M]. 北京：知识产权版社，2015：152.

要实施马克思主义理论研究和建设工程。至此，高校思想政治理论课四门必修教材的编写陆续被提上日程。不久，马克思主义理论研究和建设工程教材编写组正式编齐了《马克思主义基本原理概论》《中国现代史纲要》《思想道德修养与法律基础》《毛泽东思想和中国特色社会主义理论体系概论》四本教材。为确保高校思想政治理论课教材在政治方向和价值导向的正确性，保障教学内容的严谨性、科学性，这套教材先后经历了多次修订和完善，已经实现了我国高校全覆盖。

（三）大学生德育工作队伍日渐壮大

进行高校思想政治工作队伍建设，是开展大学生德育工作的重要保障。改革开放以来，我国发布的关于大学生德育工作的所有纲领性文件，基本都有涉及思想政治工作队伍建设的内容。可见，思想政治工作队伍建设在大学生德育工作中的重要地位。不仅如此，为推动思想政治工作队伍向科学化、专业化、职业化发展，我国还印发了大量的高校思想政治工作队伍建设的专门性文件，不断从国家和制度建设层面，助力大学生德育工作队伍的壮大。

首先，改革开放以来，为保障大学生思想政治工作队伍建设规范化、制度化发展，党和国家着力加强顶层设计，从战略层面强化大学生思想政治工作队伍建设，至今已形成了大量关于大学生德育工作队伍建设的理论成果。例如，1984年《关于加强高等学校思想政治工作队伍建设的意见》，1987年《关于在高等学校学生思想政治教育专职人员中聘任教师职务的实施意见》，2006年《普通高等学校辅导员队伍建设规定》，等等。2006年印发了《2006—2010年普通高等学校辅导员培训计划》。在该计划的指导下，高校有序落实计划，积极组织思想政治教师通过学位提升和技能进修，提升德育工作的专业理论水平和实操技能。2013年《关于加强和改进高校青年教师思想政治工作的若干意见》《普通高等学校辅导员培训规划（2013—2017年）》在上一阶段的培训规划基础上，对高校辅导员提出了专业化的新要求。2017年《普通高等学校辅导员队伍建设规定》、2020年《新时代高等学校思想政治理论课教师队伍建设规定》、2020年《关于增设一批高校思想政治理论课教师研学（修）基地的通知》等系列专门化制度文件的颁布，展现了我国在高校思想政治队伍建设方面职业化、专业化、制度化的趋势。

从党和国家在教师队伍建设的内容上可以看出，改革开放以来，我们一以贯之地以规章制度加强高校德育工作队伍人员的思想政治素养、职业素养和业务能力，对思想政治工作队伍建设提出数量和质量的双重要求。在理论水平、实践能力、培训基地建设、智库建设、管理考核、师资配比等各方面都采用制度形式以，完成标准化、规范化的要求，形成了大量的理论成果。科学的理论指导实践和高效的制度建设是大学生德育工作队伍壮大的关键。

其次，大学生德育工作队伍建设成果不仅体现在理论上，更为重要的是实践上的丰硕成果。改革开放以来，在系列相关制度的保障和支持下，我国逐渐形成了一支配比科学、专兼结合、业务精湛的高校思想政治工作队伍。

第一，配比科学主要体现在数量和结构上。数量上，高校思想政治工作专职人员（主要指高校辅导员和高校专职思想政治课教师）与学生的比例按时代发展的实际需求而调整。高校思想政治工作队伍的人员数量呈逐年增长趋势。1995 年《中国普通高等学校德育大纲（试行）》提出高校德育工作专职人员与学生人数的比例应在 1:120~150。[1] 为提升思想政治教师队伍与学生配比的合理性和科学性，教育部 2005 年、2006 年均发文指出，要求专职辅导员岗位与学生的配比应不低于 1:200。截至 2008 年年底，全国高校共有本专科生专职辅导员 91 808 人，本专科生兼职辅导员 29 329人。专职辅导员人数和学生比例为 1:207，这个实际比例与教育部规定的与 1:200 的配比要求基本接近。[2] 据教育部 2015 年统计数据，高校专职辅导员已超过 13 万人。2020 年教育部指出要严格按照师生比不低于 1:350的比例核定专职思想政治课教师岗位。[3] 当前，全国高校主要以马克思主义

① 教育部思想政治工作司组编. 加强和改进大学生思想政治教育重要文献选编（1978—2014）[M]. 北京：知识产权版社，2015：159.
② 高校本专科生专职辅导员呈年轻化趋势 [N/OL]. 中国青年报，（2009-05-19）.http：//zqb.cyol.com/content/2009-05/19/content_2671536.htm.
③ 新时代高等学校思想政治理论课教师队伍建设规定 [EB/OL].（2020-01-16）.http：//www.moe.gov.cn/srcsite/A02/s5911/moe_621/202002/t20200207_418877.html.

理论专业教师招聘和校内辅导员转岗等方式，完成不低于1∶350的配比任务。截至2020年11月，全国登记在库的高校思想政治课专兼职教师总数为106 411人，首次突破10万人大关。①在结构上，高校十分注重老、中、青相结合的教师队伍建设，着力培养中青年骨干思想政治教师。以选调、留任、竞争上岗等方式，扩充思想政治教师队伍，提升其专业化水平。同时，逐渐扩大马克思主义理论相关专业本科生、第二学士学位生和研究生的培养规模，至今已建立起了马克思主义理论本硕博一体化人才培养体系，保障了高校思想政治工作后备人才的培养。党和国家不断创造条件，陆续培养了一批又一批新的、高素质的、年轻的德育工作专门人才。

第二，专兼结合主要体现在人员构成上。改革开放以来，我国在高校辅导员的配备上，始终坚持"专职为主、兼职为辅"的专兼结合的队伍配备结构。1984年《关于加强高等学校思想政治工作队伍建设的意见》指出，要求配备专业化的精干的专职人员，以及大量的思想政治工作兼职人员，形成以精干的专职人员和较多的兼职人员构成的，专兼结合的高校思想政治工作队伍。1987年为壮大高校学生德育工作队伍，提升思想政治工作队伍专职人员的专业化水平，国家教育委员会发文对聘任的德育工作专职助教、讲授、副教授、教授等各级教师纷纷提出了更高的德育工作学习经历和马克思主义理论要求，既关注思想政治专职人员数量的增长，又重视思想政治专职人员专业素质的提升。我国在高校思想政治工作队伍建设上，始终坚持"保质保量"的原则。

第三，业务精湛主要体现在业务能力的培养上。改革开放以来，我国重视对高校德育工作专职人员的培训，大力开展正规化、制度化的培训工作，扩大专职人员进修学习的途径，不断提升专职人员的思想政治水平和业务能力，建立了高校思想政治工作队伍培养和培训机制，打造了马克思主义理论课教师和高校辅导员的培训研修基地。首批21个全国高校辅导员培训和研修基地于2007年正式建成。为进一步扎实推进高校思想政治工作队伍建设，加快完善思政工作人员的培训体系。2019年教育部思想政治工作司公布了40个高校思想政治工作队伍培训研修中心名单。2020年11月教育

---

① 全国高校思政课教师总数突破10万人 [EB/OL]. （2020-12-03）.http：//www.moe.gov.cn/fbh/live/2020/52717/mtbd/202012/t20201204_503472.html.

部办公厅发文，进一步增设 7 个新时代高校思想政治理论课教师研学基地和 4 个全国高校思想政治理论课教师研修基地。除培训的基础设施建造外，为提升思想政治教师的业务能力，也逐渐形成一套完善的教师培训进修和学位攻读的体制机制。将软件和硬件条件相结合，全方位创造条件，扩大高校思政工作队伍业务能力的提升途径，全面解决思想政治教师向专业化发展的后顾之忧。新时代，我国大学生德育工作队伍建设正在向打造一支"政治强、情怀深、思维新、视野广、自律严、人格正"[①]的思想政治课教师队伍目标迈进。

（四）大学生德育工作机制日臻完善

改革开放以来，高校在党的领导下，着力推进相关配套机制的创新，以德育工作制度建设推动其机制的日臻完善。2004 年《中共中央国务院关于进一步加强和改进大学生思想政治教育的意见》指出了完善大学生德育工作保障机制的重要性，为大学生德育工作制度建设提供了政策保障。2004 年至今，我国逐渐建立并形成了与法律法规相协调、与高等教育全面发展相衔接、与大学生成长成才需要相适应的德育工作和管理的制度体系，完善了大学生德育工作经费投入的保障机制，建设了大学生德育工作的基础设施，打造了思政治教育教学资源和经验分享的平台。在教学考核与测评方面，尝试把大学生德育工作纳入高校考核的重要内容，并将其纳入高校党的建设和教育教学评估体系。改革开放以来，我国逐渐构建起大学生德育工作的长效机制，不断丰富和完善各方面机制的内容。

大学生德育工作机制的完善应归功于经费投入、队伍培养、测评反馈等各方面机制的不断完善。首先，在经费投入机制上逐渐加大投入力度，扩大投入范围，明确投入内容。2013 年《关于完善研究生教育投入机制的意见》以机制建立的形式，保障了研究生教育经费的投入和使用，进一步确保了研究生的培养质量。其次，在高校辅导员队伍培养机制上，基本形成了符合辅导员成长成才规律、适合德育工作科学发展要求的高校辅导员培训机制，基本构建起内容丰富、方法科学的高校辅导员培训体系。为保

---

① 新时代高等学校思想政治理论课教师队伍建设规定 [EB/OL]. （2020-01-16）. http：//www. moe. gov. cn/srcsite/A02/s5911/moe_621/202002/t20200207_418877. html.

障高校思想政治教师队伍建设，各高校按照自身实际建立起政治辅导员制度和班主任制度，制定了思想政治课教师任职资格标准和选聘办法。改革开放以来，高校思想政治教师队伍不断壮大，与之相匹配的保障思想政治课教师队伍建设机制也跟上步伐，实现了各类机制的有机联动，形成常态化的德育工作机制。最后，在大学生德育工作的反馈和验收上，不断丰富测评反馈的内容，实现了大学生德育工作测评体系的因势而动，形成较为完善的德育工作测评体系。综上，改革开放以来，我国大学生德育工作机制的日臻完善，为大学生德育工作制度建设打下了坚实的基础。

2012 年，随着我国进入新时代，大学生德育工作制度建设也随之迈入新阶段。新时代，我们进行了新探索，取得了新成果，积累了新经验，大学生德育工作制度建设取得了新发展。在党的领导下，我国进一步落实立德树人的根本任务，努力构建全员、全过程、全方位育人机制下，以理想信念教育为核心、以爱国主义教育为重点、以思想道德建设为基础、以学生全面发展为目标的大学生德育工作新模式。

三、改革开放以来大学生德育工作制度建设的基本经验

回顾改革开放以来大学生思想政治教育制度建设的发展历程，总结我国在大学德育工作制度建设上的成功经验。通过对发展过程的详细梳理，我国在保障大学生思想政治教制度建设上所做的努力和形成的基本经验逐渐清晰可见。我国在多方面、多维度的重要经验，是推动大学生德育工作制度建设的重要推手，是大学生德育工作制度建设成功经验的集中体现。

改革开放以来，大学生德育工作制度建设的稳步推进离不开多方面的重要保障。我国在为大学生德育工作制度建设筑起保障屏障的过程中，不断总结并形成许多成功经验，这些经验有力地保证了大学生德育工作制度建设朝着规范化、科学化、广泛化、常态化的方向发展。改革开放以来，我国大学生德育工作制度建设在党的指导思想、组织领导、主流价值导向和舆论宣传等多方面的成功经验，为后续制度建设的推进提供了重要借鉴。

（一）党的指导思想是大学生德育工作制度建设的行动指南

改革开放以来，大学生德育工作制度建设始终以我们党的指导思想为

一切行动的指南。大学生德育工作制度建设始终旗帜鲜明、立场坚定地坚持党的指导思想和社会主义方向不动摇。我国始终坚持马克思主义指导思想在高校德育工作中的指导地位，以马克思主义指导思想指导大学生德育工作制度建设，确保其方向的正确性。

1980 年《改进和加强高等学校马列主义课的试行办法》，要求高校必须坚持以马克思列宁主义、毛泽东思想为指导思想和理论基础[①]。2004 年《中共中央国务院关于进一步加强和改进大学生思想政治教育的意见》明确了大学生德育工作的指导思想是，要"坚持以马克思列宁主义、毛泽东思想、邓小平理论和"三个代表"重要思想为指导"[②]。2020 年《教育部等八部门关于加快构建高校思想政治工作体系的意见》明确当前大学生德育工作指导思想是：以习近平新时代中国特色社会主义思想为指导，全面贯彻党的教育方针，坚持和加强党的全面领导，坚持社会主义办学方向。改革开放以来，大学生德育工作在党的指导思想的引领下，不断建立健全领导体制，保障其制度建设的有序推进。

坚持党的指导思想下的大学生德育工作制度建设，是帮助大学生形成坚定的马克思主义信仰，找到正确的人生发展方向的关键。改革开放 40 多年来，高校坚持用党的指导思想武装广大师生的头脑，以马克思主义指导思想为大学生德育工作制度建设提供丰富的理论和力量源泉。正是由于党的指导思想的引领，大学生德育工作制度建设的一切活动才能始终围绕中国特色社会主义事业而进行。

（二）强有力的组织领导是大学生德育工作制度建设的根本保证

党的领导是开展大学生德育工作的根本保证，也是大学德育工作制度建设的坚实保障。历史经验告诉我们，只有坚持中国共产党的领导，才能保障大学生德育工作制度建设的领导权和话语权牢牢掌握在共产主义者的手中，最大化地保障广大人民群众的利益。改革开放以来，我们党不断强化高校的阵地意识，要求高校要加强党的领导和党的建设，要重视高校党

---

① 教育部思想政治工作司组. 加强和改进大学生思想政治教育重要文献选编（1978—2014）[M]. 北京：知识产权版社，2015：8.

② 教育部思想政治工作司组. 加强和改进大学生思想政治教育重要文献选编（1978—2014）[M]. 北京：知识产权版社，2015：265.

组织的领导和党员先锋模范作用的发挥。改革开放以来，高校坚持充分发挥校党委和校长在大学生德育工作制度建设中的"领头羊"作用，建立起党委领导下的校长负责制，制定了组织领导相关的工作制度，明确了各级党组织和各个部门的职责范围。高校坚定不移地通过强化党的组织领导，来保障大学生德育工作制度建设的有序进行。

1. 全面协调各级党团组织

大学生德育工作制度建设的发展，得益于各级党组织领导的合力共谋。在党的领导下，高校各级组织高效领导、协调合作，形成了齐抓共管的德育工作合力。1978年《关于讨论和试行〈全国重点高等学校暂行工作条例〉（试行草案）的通知》要求高校必须加强党的领导，加强党内党外的团结合作 ①。1980年《关于加强高等学校学生思想政治教育工作的意见》强调高校党委要视情况具体设立学生工作部、青年工作部等管理学生政治思想工作的专门机构 ②。高校善于利用党团支部管理学生，通过广泛的党团支部建设对学生进行党的理论教育，对学生提出更高的党性要求。2004年《中共中央国务院关于进一步加强和改进大学生思想政治教育的意见》要求各级党委和政府要充分认识加强和改进大学生德育工作的重要意义 ③。服从党的命令，听从党的指挥，高校党委要始终把"为谁培养人、培养什么人、如何培养人"作为重大课题，将立德树人的根本任务放在高校工作的首要位置。

改革开放以来，高校积极进行强有力的基层党组织建设，为大学生德育工作制度建设提供了坚强的组织保障。高校积极推动教师党组织和学生党组织的建设，发挥基层党组织的组织领导作用，强化管理和服务功能，密切联系学生，关注学生思想行为动态，引导学生服从党组织的领导，听从党组织的指挥，响应党组织的号召，积极向党组织靠拢。高校上级党组织主管对德育工作制度建设作出科学部署，下级和基层党组织落实政策，

---

① 教育部思想政治工作司组. 加强和改进大学生思想政治教育重要文献选编（1978—2014）[M]. 北京：知识产权版社，2015：1.

② 教育部思想政治工作司组. 加强和改进大学生思想政治教育重要文献选编（1978—2014）[M]. 北京：知识产权版社，2015：7.

③ 教育部思想政治工作司组. 加强和改进大学生思想政治教育重要文献选编（1978—2014）[M]. 北京：知识产权版社，2015：270.

密切联系学生，在党的坚强领导下，充分动员各方面力量加强大学生德育工作制度建设。由此可见，我们党强有力的组织领导始终是改革开放以来大学生德育工作制度建设不可或缺的重要保障。

2. 坚持高校党团组织与其他组织的合作共建

我国高校组织形式主要有党组织、团组织、班级组织、学生会和学生社团。改革开放以来，我国坚持将党支部建在班上，重视增强学生德育工作制度建设的主动性，使学生成为德育工作制度建设的组织者、执行者和监督者。以学生党员为德育工作制度建设的主要带动者，以个人带动集体，以支部带动班级，开展大学生德育工作制度建设工作。把党支部建在班上，不仅有利于保证支部规模的合理性，更有利于及时吸收和培养党的后备人才，也能在增强党支部力量的同时，提升班集体的凝聚力，为大学生提供积极的发展环境。高校通过党支部建在班上的形式，为德育工作制度建设的落地和实施创设了有利的环境。

此外，高校通过"班团一体化"的广泛实行，增强大学生德育工作制度建设的执行力。简单来说，班团一体化就是将班级团支部和班委会一体化运行，形成以团支部为主导，以班委会为执行主体的一体化工作机制。班团一体化，有利于统筹管理班级和团支部事务，统筹策划班会和团日活动，更有利于统筹开展班级成员和团员的教育、管理和服务制。可见，将大学生德育工作制度建设融入班团一体化是我国高校的独特经验，也是今后深度进行大学生德育工作制度建设的方向所在。高校党团组织与高校其他组织的合作共建，既是大学生德育工作制度建设的重要经验，又是其未来的发展方向。高校各个组织间有组织、有计划、有纪律的合作共建，为大学生德育工作制度建设提供了保障。

（三）主流价值导向是大学生德育工作制度建设的价值保障

改革开放以来，我国社会主流价值导向保障了大学生德育工作制度建设的准确性和稳定性。当前，社会主义核心价值观是我国正统的主流价值观，它承载着中华民族最深厚的精神底蕴。习近平总书记指出，要将培育和践行社会主义核心价值观贯穿于大学生德育工作的全过程。社会主义核心价值观是当代中国精神的集中体现，体现了中华民族的文化理想和精神高度，凝结着全体中国人民共同的价值追求。青年学生是社会的未来，是时代潮流的晴雨表，他们的发展决定着未来社会的发展走向。

1. 社会主义核心价值观的价值引领

在社会大变革大发展时代，青年是实现"中国梦"的主力军，社会主义核心价值观的引领是他们成功的关键。要用社会主义核心价值观引领青年学生扣好人生的第一颗扣子，帮助学生形成符合社会发展进步和科学规律的正确的价值取向。2014 年习近平总书记在北京大学师生座谈会上的讲话，为广大青年学生指明了社会主义核心价值观的个人发展方向，告诫青年要努力做到勤学、修德、明辨、笃实。2020 年教育部等八部门《关于加快构建高校思想政治工作体系的意见》提及要强化价值引导。当前，大学生德育工作制度建设可围绕社会主义核心价值观，从与其内容相符合的行为规范入手，创新性地制定既符合社会主义核心价值观，又符合学生发展规律的行为规范和规章制度。

2. 优秀传统文化的精神滋养

改革开放以来，我国坚持在高校打造传统文化环境，为大学生德育工作制度建设营造了有利环境的同时，丰富了其制度建设的内容和内涵。改革开放以来，我国高校着力继承与发扬中华传统美德，积极开展大学生德育工作。譬如：1981 年要求开展的"五讲四美"文明礼貌活动，以文明新风尚的目标构建，彰显"礼仪之邦"的文化传承，发扬中华民族文明礼貌的优良传统；1991 年运用文物进行爱国主义教育和革命传统教育，主张以革命、历史文物为载体，传承传统文化，弘扬革命精神，增强学生的民族自尊、自信和自强精神；2006 年指出要努力创造弘扬社会主义荣辱观的文化环境，充分利用中华民族优秀传统文化资源，使人们始终受到优秀文化和优良传统的熏陶和影响。此外，为弘扬中华民族勤俭节约的优良传统，使大学生养成勤俭节约的优良品质，我国围绕"勤俭节约"主题，下发了一系列文件和通知。2013 年 2 月，教育部主张建设节约型校园，要求各级各类学校加快建立健全节约的规章制度。同年 9 月，教育部继续深化勤俭节约教育，要求各高校开展节粮节水节电的"三节"活动，旨在使广大学生从生活和学习的点滴中，养成勤俭节约的好习惯，让勤俭节约蔚然成风。2014 年 5 月，教育部进一步部署各高校，开展厉行节约、反对粮食浪费的工作，在切实解决粮食严重浪费问题的同时，使学生养成节约粮食的好习惯，使学校成为全社会节约粮食的榜样先锋。2020 年 8 月，习近平总书记强调，要制止餐饮浪费行为，在全社会切实培养节约习惯，营造浪费可耻、节约为荣的氛围，形成厉行节约、反对浪费的社会风尚。在此要求下，全国高校积极响应，强化校园粮食管理，大力开展节约粮食宣传教育，着力培养大学生勤俭节约的优良品质。2014 年印发的《完善中华优秀传统文化教育指导纲要》指出，要把中华优秀传统文化教育融入教材和对学生的综合考核中，不断完善中华优秀传统文化教育的评价和监督机制。一直以来，中华优秀传统文化不仅是我们的魂，还是使我国始终在世界文化之林中站稳脚跟、屹立不倒的根。中华优秀传统文化更是保证我国大学生德育工作及其制度建设充满厚重历史底蕴和文化内涵的关键。

（四）广泛的舆论宣传是大学生德育工作制度建设的重要方法

中国共产党始终把广泛开展舆论宣传工作当作我国思想政治工作的"独特武器"。通过长期的舆论宣传实践，我们党积累了大量舆论宣传经验，进而逐渐开展更加广泛的宣传工作，最终成功地使马克思主义在中国流行起来。此后，宣传工作成为我们党思想政治工作不可或缺的组成部分。我国在借鉴党的舆论宣传工作经验的基础上，大力开展高校德育工作舆论宣传工作，积累经验的同时，形成了一套行之有效的宣传工作方法。广泛的舆论宣传为大学生德育工作制度建设创设了有利的舆论环境。高校师生通过广泛的舆论宣传，增强了对德育工作制度建设的了解和认同，进而为制度建设营造出了一个积极的环境。

改革开放以来，党和国家不断在全国范围内广泛开展各类重大主题教育宣传活动，为大学生德育工作制度建设创造了极其有利的宣传环境，如 1999 年"保护生态环境、倡导文明新风"活动、2001 年"校园拒绝邪教"活动、2003 年"载人航天精神学习教育活动"、2012 年"学雷锋活动"、2012 年"学习时代楷模"活动、2013 年"我的中国梦"主题教育活动、2013 年"爱学习、爱劳动、爱祖国"教育活动、2019 年"不忘初心、牢记使命"主题教育活动和 2020 年"伟大抗疫精神"学习活动等。我国通过主题教育活动的常态化开展，利用报纸、杂志、简报、广播、电视、互联网等多种途径，充分发挥舆论宣传的作用，既调动了全民的积极性，又有助于公民思想政治素养的提高。

我们党历来关心祖国未来接班人的成长，关注大学生人才的培养，坚持引导大学生德育工作良性发展，通过主流媒体和官方言论把握社会舆论尤其是网络舆论的走向，防止错误舆论对学生的误导和侵蚀。可见，广泛的舆论宣传为我国大学生德育工作制度建设创设了有利的环境。

第四章　新时代大学生群体特征及德育工作现状

　　人作为一种物质、社会与精神的复合存在，不仅需要物质生活来维持生存，而且需要精神生活保证存在的理由，提供生存的动力。人的心理子系统包括认知、情感、意志、信念等因素。①随着物质生活的丰富和科技的进步，新时代大学生的精神生活出现了新的要求，其思想行为出现了新的特点。研究新时代大学生群体特征，分析新时代大学生德育工作现状，是探索新时代大学生德育工作创新的基础。

一、新时代大学生群体特征

（一）生理成熟与心理过渡

1. 新时代大学生的生理特点

　　我国大学生的年龄一般在18~23岁之间，在这一时期，其身体生长发育基本成熟并开始逐步稳定，外部形态发育已与成人没什么差别，与此同时，身体的内部器官也趋于成熟。在这一时期，人体内组织与器官机能逐渐发育成熟，脉搏稳定，血压正常，呼吸深沉舒缓，肠胃容量增加，体力与脑力活动增多，消化功能增强，神经系统日渐完善成熟，大脑皮层的兴奋水平和抑制机能都在均衡发展，这为复杂、成熟的心理活动提供了可能。伴随着内分泌系统的发育成熟，激素分泌旺盛，也使得身体各系统得以更好地发挥作用。伴随着身体各方面的发育，大学生的运动能力特别是协调性、灵敏性和速度都有很大的发展，耐力和爆发力达到了高峰，同时两性在运动能力上的差异也更加明显地显现出来。

---

① 陈万柏，张耀灿. 思想政治教育学原理 [M]. 北京：高等教育出版社，2010：117.

2. 新时代大学生的心理特点

（1）心理发展的过渡性

从大学生的心理发展水平看，多数大学生的心理正处于迅速走向成熟但却未达到完全成熟的时期。从大学生的年龄阶段看，这一时期大学生正是从未成年向成年转变的过渡时期，换句话说，是从孩子到成人的社会角色转换时期。一方面，由于大学生智能发育已近成熟，知识储备日益丰富，经验的积累日益增多，大学生的理论思考能力和独立思考能力有了突飞猛进的发展；另一方面，在心理内容的核心方面发育尚不成熟，如社会适应能力、思想价值取向等方面还未达到成人水平，因而在多变的社会环境下，大学生常常不知如何选择正确的方向。加之，当前大学生的社会实践积累不够，生活经验匮乏，因此在举止行为间还带有明显的稚嫩性和盲从性，特别是在社会态度方面，虽然具有一定的深刻性，但往往带有不可忽视的片面性。

（2）心理活动的可塑性

大学阶段是一个人的心理品质全面发展与急剧变化的时期。在此期间，由于大学生的心理发展状态尚未完全成熟，普遍存在着不稳定与可塑性大的特点。随着生活空间的扩大，生活经验的不断积累，大学生的独立意识、自主意识和成人意识不断增强，他们开始重新审视评估自己，更加关注他人对自己的评价与态度，并逐步构建起个人特有的价值观体系与评判是非曲直的标准，大学生的认知风格、情绪特征和相对统一的人格系统也随之逐渐形成。

（3）心理活动的矛盾性

由于大学生在校园中接受教育，很少接触社会，因此其心理状态的发展与成熟往往滞后于生理的发展与成熟。伴随着传统价值权威的衰落及现代多元化价值的影响，大学生常常充满疑虑与困惑，产生各种心理矛盾和冲突。

大学生常见的心理矛盾有以下几方面。

①独立性与依赖性的矛盾

大学生从中学进入大学，生理逐渐成熟，独立意识、自我意识大大加强。他们强烈渴望摆脱父母和教师的束缚，常常以逆反心理来对抗外来干涉与指导，要求自己决定自己的事务。但是，尚处于学习阶段的大学生，为了完成学业，在经济上必须依赖父母的供给和国家的资助。他们不仅缺乏独立生活的经验，还缺乏独立决定自己行为所需的知识、经验和能力。许多大学生感到不知如何自由支配时间、空间，不能恰当地处理社会交往中的各种关系，不能自如地解决生活中遇到的一些问题，尤其在就业等人生的重大决策上，他们更离不开教师和家长的指导，因此一时难以摆脱对教师和家长的依赖，这就不可避免地造成独立性与依赖性的矛盾。

②闭锁性与开放性的矛盾

一方面，由于大学生身心发展还没有完全成熟，而且这一时期，大学生的自尊心又极强，自然有许多的情感与思想不愿轻易向人吐露。另一方面，由于自我意识的变化，大学生越来越感到自己的心理特点与别人存在着一定的差异。加之，他们中的大多数是独生子女，从小深受父母和家族长辈的宠爱，已经习惯于被他人关心、爱护，因此缺乏人际交往的主动性，如果教师和家长不能正确理解他们的诉求，不能及时与其交流沟通，就会造成他们心理上的闭锁性。可是处于青年期的大学生在对自我有了更深刻了解的同时，会产生强烈的被他人接纳、认可的心理需求。他们还十分关注自己在他人心目中的地位与形象，渴望别人对自己的理解与支持。他们需要得到他人的帮助，需要他人的理解，需要友谊，等等。这就形成了一种闭锁性与开放性的矛盾。

③理想性与现实性的矛盾

大学生对自己的未来是有一定设想的，受传统教育观念的影响，一般大学生的理想定位都比较高，往往带有几分空想的色彩，与生活有明显的脱离倾向。大学生志存高远本来是一件好事，然而，理想与志向的实现毕竟要受到现实条件的制约。因此，新时代大学生脱离现实的理想，往往在现实生活中找不到具体实现的途径，这就必然导致理想与现实的冲突。

④好奇性与盲目性的矛盾

新时代大学生求知欲极强，对自然环境领域和社会生活领域中的一切都觉得好奇，但是他们缺乏实践经验与相应的理论知识，识别能力比较低下，他们对一些理论和作品往往缺乏全面评价与辨别的能力，在多渠道的信息交流中容易受到不良理论观点、不正确的价值观的影响这就构成了新时代大学生好奇性与盲目性的矛盾。

（二）成长环境更具多重性

每个人都是立体多面的，他们的思想状况和内心诉求受年龄、家庭、地域、个性特征、认知特点等诸多因素的影响，千差万别。虽然在不同时代环境下成长起来的青年可能会有不同的生活方式、兴趣爱好和人际交往方式等，但他们作为青年的特征和天性却又存在着共通之处。与其说群体特征是某一代特有的属性，不如说是不同的时代环境在青年身上的投射。因此，充分了解新时代大学生的成长背景，有助于我们更好地读懂新时代大学生。

1. "强起来"的经济文化环境给予新时代大学生更为充足的内在自信

从宏观的时代环境来看，中华民族正逐步走向世界舞台的中央，在国际社会上的话语权和影响力也越来越大。新时代大学生正处于经济快速发展的时代，政治制度日益完善的时代，全面深化改革的时代。因此，他们的思想特征一定带有时代发展的痕迹。同时，他们有着更多走向国际的机会，对国内外的信息与事物也更为了解，视野更为宽广，思想更为开放，对国家、民族及自己的发展前景也更为自信。改革开放推动了经济建设的高质量发展，中国家庭经济条件整体显著改善，为大学生成长发展提供了良好的物质条件，使得大学生可以享受更多领域、更广范围和更高质量的教育，其综合素养得到了较大提升。

总的来说，在中国基本实现"富起来"的时代环境下，在中国"强起来"的经济文化环境中，新时代大学生更加自尊自信。

2. "数字化"的媒介技术环境予以新时代大学生更为多样的人际互动模式

快速发展的移动互联网技术，使得信息传递和娱乐方式更为丰富和多元。在"数字化"媒介技术环境的影响下，新时代大学生的人际互动模式也更为多样，话语空间也在逐渐得到拓展。一方面，新时代大学生的人际互动模式更具多样性。不再受到特定时间和空间限制的新时代大学生，他们的学习和生活表现为"随时在线"和"移动分享"。借助各种网络工具和渠道，新时代大学生有了更多的机会去呈现和表达自己。简单来说，他们可以随时随地在网络中开展线上交流，实现学习和生活的"随时在线"和"随时在场"。通过互联网，他们可以随时随地学习课外知识，拓宽视野，使自己的竞争力得到不断提高；通过社交软件，他们可以聊天和交友，使自己的交际圈子可以得到不断拓展；通过网上种类丰富的 App，他们可以找到自己感兴趣的内容，也可以真实记录自己的学习和生活。具体来说，有的新时代大学生喜欢追求小众化的兴趣圈层。兴趣圈层指的是受到网络化生存方式浸染、多元思想文化熏陶的新时代大学生依托网络阵地，以相同或相似的兴趣爱好自主地聚集成"圈"，不同的圈层喜好不同的文化。[①]在各自的圈层中，他们十分默契地形成了只有他们才明白或熟悉的话语体系或交流方式。可以看出，在新时代大学生热衷兴趣圈层的过程中，不仅彰显了他们个性鲜明和自我意识增强等群体特征，还反映出他们内在的情感需求，即新时代大学生渴望获得存在感、认同感和归属感。总的来说，在无限的网络空间中，新时代大学生的创造力得到了充分发挥。

另一方面，自媒体的兴起不同于传统媒介话语从上而下的表达方式，其互动性、即时性和去中心性的媒介传播特性使得新时代大学生更倾向于表达自我，他们的话语空间空前提扩大。简而言之，不管是人际交往、消费娱乐，还是自我表达、政治参与，新时代的行为方式都在发生着明显的变化。具体来说，新时代大学生，每个人都是自己的"主角"，他们敢于发言、善于发言。互联网的基因已经在不知不觉中融入新时代大学生的思想，并对他们的行为产生了较大影响。其一，他们热衷对个体生活领域的"微关注"。这体现在他们对现实生活的观察和理解上，体现在他们个性化、私人化的话语里。其二，他们也有"宏视野"。在移动互联网平台上，他们敢于批判与反思，热衷关注、转发和评论社会热点、国家大事。但在巨大的网络空间里，不同的思想观念和利益诉求同时存在，无形中塑造了一个虚虚实实、纷繁复杂的话语生态环境。

总的来说，新时代大学生的人际互动模式更为多样化，其互动行为有着明显的个性特征和时代特点。在他们更为多样的人际互动行为背后，既展现出他们热衷彰显个性的一面，也表现出他们关注社会、公共意识增强

---

① 项久雨. 品读"00 后"大学生 [J] 人民论坛，2019（09）：112-114.

的一面。

3. 全球化的国际交往环境赋予新时代大学生更为多元的价值选择

新时代大学生的价值选择普遍更加开放、超越自我、关注社会和成长，这是他们价值观的底色。新时代大学生的价值选择具体表现为：向往独立自主，反感约束；自发地想要提升自我，不断提高自己的竞争力；相比自己，他们更关注个人和社会的发展，而不是过分追求感官和物质的回报。

新时代大学生倾向于独立自主，反感约束，是因为他们成长于开放、自由的时代。受到时代环境的影响，新时代大学生大多比较独立自主，再加上大多数大学生家庭条件相对较好，他们受物质条件的制约较少，因而他们向往自由，反感约束，对自身的情感体验与价值体现也更为重视。新时代大学生实现自我提升和成长的驱动是自发的，是因为从社会发展环境来看，新时代大学生成长于我国社会主义政治制度、社会主义民主和法治建设相对完善的时期，这对新时代大学生的成长发展起到了极大的精神激励作用。新时代大学生更关注个人和社会的发展，而不是过分追求感官和物质的回报，受到开放且包容的时代环境的影响，新时代大学生在关注自身发展的同时，也更为关心他人和社会的发展。在开放的时代环境的影响下，他们的视野更加开阔，思想更为丰富多元，他们也越来越包容和自信。同时，新时代大学生追求个人价值与社会价值的统一，希望在共同理想中实现自己的个人理想。总的来说，尽管新时代大学生具有多元的价值选择，但他们的世界观、人生观、价值观并没有偏离。

（三）新时代大学生更为理性和务实

新时代大学生的理性和务实，不是将物质追求视为唯一标准，而是建立在社会发展和积极关注自我的现实基础上，形成的一种相对理性的价值观念。他们的这种理性和务实，外在表现为敢于发声，敢于挑战权威，注重当下。

1. 敢于发声，对权威的服从性更弱

新时代大学生之所以不畏惧权威，敢于强调话语权，是因为以下三点。

其一，新时代大学生的权威服从性较弱，是由他们特定的生活环境所决定的。新时代大学生从小成长在开放、自由的时代，这一包容个性、自由和民主的开放时代对其人格与意识的塑造、人生态度与思维方式的择取具有重要的导向作用。同时，新时代大学生尊重现实，敢于竞争，从对教师、父母等权威人物这一"角色"的崇拜，转变为对其专业能力的崇拜。他们追求个性张扬，更加关注自己的个体价值和内心世界。此外，在以利益为导向的市场经济的影响下，在激烈的社会竞争的驱动下，新时代大学生能够更为冷静且客观地对自己的实际能力进行分析。

其二，新时代大学生的家庭条件相对较好，他们父母的受教育水平普遍较高，这让家长在家庭管理方式上更倾向于民主教育。大部分新时代大学生的父母更愿意以一种平等的方式与子女相处。他们对子女的决定和选择也更为尊重，致力于为子女的成长提供更多的发展空间与可能。可见，新时代大学生的父母有着更加开放的心态和更加平等的姿态，能够支持新时代大学生的个性化发展，这使得新时代大学生拥有更为平等的话语权，更愿意在父母长辈面前表露自己的真实想法。

其三，传统的德育工作以官方媒介和教师言传身教的形式进行信息传递，在内容和形式上表现为内容的严肃性、形式的单一性，在此过程中学生往往被动接收教育消息。同时，在传统大众传媒环境下，教师掌握大量的信息，教学生掌握的信息相对有限，因而教师占据着主导地位，具有权威性。但在全媒体时代，传统的信息交流模式已经发生变化，在互联网时代成长起来的新时代大学生可以利用网络技术搜集和传播信息，能够更主动地表达自身观点，这就使得教师的信息优势地位逐渐被撼动。同时，新时代大学生对互联网技术更为精通，他们的学习方式更加多样化，获取学习资源的渠道也日渐丰富，他们可以按照自己的方式去进行话语建构。另外，全媒媒体的自主性、开放性和互动性也为新时代大学生提供了更多的话语自由，使得新时代大学生与教师的关系逐渐走向平等，促进了新时代大学生与教师的双向互动。

总的来说，新时代大学生从小生活在经济高速发展时期，他们对社会事件的判断、看法更为理性、平和。

2. 注重当下，务实特性更为明显

在理想和现实、物质和精神等因素的相互影响下，新时代大学生的务实特性更为明显。他们的务实特性主要有以下两个方面：一是实际化，立足自身具体情况，合理设定人生追求；二是实利化，理想追求要符合实际利益诉求。

其一，实际化。一方面，在社会"内卷化"程度不断加深、市场经济利益驱动和社会竞争激烈的多重压力下，新时代大学生更倾向追求好工作，渴望获得切实的物质回报，在实现个人理想的过程中确立起更为务实的人生目标。所谓"内卷化"，即系统在外部扩张条件受到严格限定的条件下，内部不断精细化和复杂化的过程。[①]现如今"内卷化"在互联网语境下，含义比较简单，就是在资源有限的情况下，竞争不断加剧。竞争越剧烈，"内卷化"越严重。因而随着"内卷化"程度的加深及高等教育资源的逐渐固化，考证热、考研热、留学热等持续升温。在激烈的社会竞争环境中，新时代大学生的务实特性更为显著，习惯在充分考虑现实问题的基础上做决定，同时他们也会根据现有资源和自身具体情况来设定合理的人生追求，如他们更倾向于应用型、实用性的热门专业。另一方面，新时代大学生逐渐意识到家庭资源对未来发展十分有益。在提高自身竞争力的同时，他们也擅长对现有的家庭资源进行充分利用。即使他们的家庭资源比较有限，他们也会通过主动获取外界资源的方式提高竞争力。由于移动互联网的发展，他们获取家庭以外资源的难度大大降低。同时，移动互联网背景下的新时代大学生获取信息和资源的方式在不断增多，无论是在对学校与专业的选择上，还是对未来职业选择与人生规划上，他们早已有了初步的预判。因而，提前做好心理准备的新时代大学生的适应能力更强。

其二，实利化。在务实的人生态度中，新时代大学生更加注重当下，更加注重人生舒适度。例如，在学习方面，大多新时代大学生的学习动机是为了获得好的工作机会，以此提升自己。

总之，新时代大学生善于在审视自身条件的基础上，做出恰当的自我评价和人生选择。他们敢于发声，注重当下，务实理性，希望活出自我，但也不希望被贴上自我中心主义和过分成熟的标签。

（四）新时代大学生更为独立和善于表达个性

新时代大学生更为独立，他们更喜欢自主开展学习和生活。但较强的

---

① 刘世定，邱泽奇."内卷化"概念辨析[J].社会学研究，2004（05）：109.

独立意识和个体意识，也容易造成部分新时代大学生抗挫折能力差，过于强调自我。新时代大学生更善于表达个性，他们的价值追求具有个性化，并十分重视自我的情感体验和个人价值，但关心自身的同时也十分关注集体。

1. 富有独立意识，但抗挫折能力差

新时代大学生成长在社会主义建设新阶段，他们的物质生活和精神生活相对丰富，物质条件对他们的束缚也相对较少。所以，他们在人生观、价值观取向上有了更多的选择，在职业规划、性格等方面有着明显的独立倾向。同时，具有务实特性的新时代大学生更为考虑社会的实际需求，现实的紧迫感促使他们必须顺应市场经济的发展需要，强烈的竞争意识促使他们更为积极主动地表达自我，培养独立意识。

总的来说，新时代大学生具有较强的独立意识，他们敢于自我选择和认定，乐于进行独立的人生体验。但是，他们的独立并不意味着成熟。独立性较强的新时代大学生，也会偶尔感到孤独，渴望获得关爱。他们希望父母给予自己更多的陪伴，有着明显的依赖父母、渴望父母关爱的需求。

2. 个体意识渐强，但仍关注集体

新时代大学生具有强烈的自我意识，他们追求个性，追求个人价值的实现，这与他们的成长环境密不可分。从家庭发展环境来看，相当一部分新时代大学生的家庭经济条件与生活环境较为优越。目前大多数新时代大学生是独生子女，这使他们的父母将更多的精力投入他们的成长和发展之中，因而新时代大学生在成长的过程中能够拥有更多的自主选择权。同时，新时代大学生的父母，受教育水平也相对较高，父母文化水平的提高也为他们追求自由个性提供了基础。在新时代大学生的潜意识当中，实现个人权益的保护，注重个人意识的表达，努力实现个性化的价值追求，自主选择人生道路是其关注的焦点所在。善于表达自我是十分重要的，表达之后的相互交流也同等重要，这可以让新时代大学生的认知变得更加深入和宽广，也让他们的自我表达变得更有分量和意义。然而，个体意识渐强的新时代大学生也存在一些显著的负面特征。例如，他们从小备受长辈的呵护，容易养成以自我为中心的习惯。

二、新时代大学生德育工作现状分析

（一）新时代大学生德育工作取得的成绩

1. 大学生德育工作的地位得到提升

大学时代是一个人的世界观、人生观和价值观形成的关键阶段，要充分发挥大学生德育工作立德树人功效，培育理想远大、信念坚定、积极进取、奋发有为的新时代好青年。大学生德育工作地位的提升与德育工作本身的效果息息相关。大学生整体思想状况呈良好态势。大学生普遍乐观向上，有较高的爱国热情，政治意识较强，关心国家发展大势。另外，习近平总书记在学校思想政治理论课教师座谈会中也强调，思想政治理论课是落实立德树人根本任务的关键课程。在全国教育大会上习近平总书记指出："要把立德树人融入思想道德教育、文化知识教育、社会实践教育各环节，贯穿基础教育、职业教育、高等教育各领域"[①]，这在一定程度上反映出德育工作在大学生教育中不可替代的作用和地位。特别是当前，国际国内形势深刻变化，意识形态领域斗争尖锐复杂，社会生活多元多样，少部分人出现理想信念困惑、思想道德滑坡、价值观念异化的情况。面对这一情况，利用大学生德育工作提升大学生思想道德水平和政治文化素养，以适应新时代中国特色社会主义的形势发展要求，增强大学生的道路自信、理论自信、制度自信和文化自信，提升大学生的家国情怀已经成为新时代的重中之重。

在习近平总书记的高度重视下，大学生德育工作受到了广泛关注，社会各界都对其给予了大力支持。很多高校积极响应国家号召，强化师资队伍建设，建设了一支政治强、情怀深、思维新、视野广、自律严、人格正的德育工作教师队伍，以加强对新时代大学生理想信念责任担当、爱国主义、民族自豪感、社会责任感、道德品质、创新能力及社会实践能力的培育。

2. 大学生思想政治理论课教材内容与时俱进

中共中央办公厅、国务院办公厅印发的《关于深化新时代学校思想政治理论课改革创新的若干意见》中指出："国家教材委员会统筹大中小学思政课教材建设，科学制定教材建设规划，注重提升思政课教材的政治性、

---

① 习近平. 论党的宣传思想工作 [M]. 北京：中央文献出版社，2020：351.

时代性、科学性、可读性。"①围绕落实中共中央关于思想政治理论课改革的系列文件精神，思想政治理论课教材也与时俱进，不断调整、丰富和完善。例如：《思想道德与法治》立足于新时代，将党的十九大精神融入其中，就大学生应如何站位、如何承担民族复兴之重任做出了回答，并从大学新生视角发出人生青春之问，对理想信念、道德教育、社会主义核心价值观、中国精神等问题进行了探究，深入浅出地对大学生进行思想引领；《马克思主义基本原理概论》以基本的哲学原理为出发点，着重培养大学生的哲学思维，以及理性分析与思考能力。简言之，虽然每本教材内容侧重不同，但其核心内容都是围绕新时代主题而展开，以习近平新时代中国特色社会主义思想为引领，贴近新时代大学生实际，将理论与实践紧密结合在一起，坚持立德树人，实现全员、全程、全方位培育新时代大学生，切实提升教育效果。

3. "互联网+"德育工作模式效能日益显著

新时代，大数据、5G 网络迅猛发展，"互联网+"与思想政治相结合，让大学生德育工作无论是内容上还是空间上都得到了极大的拓展。一是教育方式的交互性。利用网络，大学生和教师能够就自己的生活、学习等进行实时的沟通，沟通的即时性拉近了大学生与教师之间的距离，使得二者在课下也可以进行自如的交流沟通。二是教育手段多媒体化。视频、音频、文字、图像等的传播，使得大学生的德育工作不再局限于书本上的文字和图片，上一秒刚发生的事情也可以作为德育工作的素材。网络可以发挥多媒体技术手段的优势，使教育效果实现最优化。先进的技术不仅可以调动大学生的学习自主性，使他们有探索学习的动力，还可以使教育资源得到最优化的配置，充分利用专家学者的资源，实现异地讲座、异地辅导，通过相应的学习软件完成教育所需的各个环节，可以将极富教育性的典型人、事物进入课堂，使得课堂更加生动有内涵。高科技的运用还可以为相对偏重理论化的课堂带来更多的娱乐性，让学生能够在轻松的环境中接受思想政治教育，受到正确价值观的熏陶，让理论性的知识更加丰富生动，易于大学生接受。三是传播空间全球化。网络教育最大的优势就是不用再顾及

---

① 中共中央文献研究室编. 十八大以来重要文献选编（中）[M]. 北京：中央文献出版社，2016：6.

地域上的隔阂，而新一代网络交互技术的出现更是为大学生的德育工作提供了更多的可能，无论大学生身处何时何地，只要想收看德育工作的课程，都可以通过网络来实现教育资源的共享。例如，在疫情防控期间，大学生在家里就能够接受学校的思想政治课程教育。高校思想政治教师，可围绕习近平总书记关于抗击疫情的重要讲话精神，通过互联网收集整理党和政府全力阻击疫情的重要举措，以及医务工作者和党员干部在抗击疫情中英雄事迹，将抗击疫情战役中不惧艰险、前仆后继的高尚情怀与高校德育工作相结合，增强了德育工作的时效性和感染力。总而言之，"互联网＋"德育工作模式日趋完善，大学生德育工作手段不再局限于传统的课堂教学模式，让大学生有了更多的选择。

（二）新时代大学生德育工作存在的问题

1. 大学生政治参与水平较低

从整体上来看，多数大学生热衷于参与政治生活，但是政治生活参与水平存在相对较低的问题。首先，从参与态度上来说，大学生参与政治更多的还是流于形式，尽管大学生整体对国家大事比较关心，有积极正向的政治意识，但是政治意识与政治行为存在落差。例如，不能按时参与学校政治活动，对征集政治意见缺少政治兴趣，参与不积极，等等。其次，从参与动机上来说，部分大学生虽然参与政治活动，但是功利色彩较强，政治参与性不高。再次，从参与方式上来说，部分大学生对信息缺乏理性的辨别，为了避免受到孤立，盲目迎合大众的看法，或者选择保持沉默，隐藏起内心真实的想法，他们更倾向于在网络平台就时事政治或热点话题展开激烈的讨论，但在现实生活中却很少同他人探讨热点问题。最后，从参与效果上来说，一方面，在现实中，由于大学生对政治体系的了解不足，对自身政治能力的认同感存在偏差，缺乏能对政府产生影响并得到回应的信念，认为即便是向政府建言献策，也往往得不到重视和采纳，因而对按照正式的程序参与政治存在一定的抵触心理。另一方面，在网络平台，由于大学生政治规范意识欠佳，往往不经过理性思考，在网上对政策方针和政治热点肆意评价，致使其政治参与水平较低。

2. 教师的榜样示范作用不突出

高校教师的言行对大学生德育工作效果起着重要的榜样示范作用，教师的言谈举止在潜移默化中影响着大学生，但目前教师的榜样示范作用并未彻底发挥。第一，教师榜样影响力削弱。一方面，非思想政治课教师对榜样示范的重视程度不高，他们更专注于自身专业知识的讲授，而不太注重对学生的德育教育，没能在教学中践行好课程思政的理念，发挥好课堂育人的主渠道作用。另一方面，大学生更倾向于在网络上获取信息，选择性地屏蔽了现实生活中的榜样以及优秀事迹，没有将教师作为学习的榜样。第二，标准化榜样的出现，固化了大学生的思想。部分高校为响应大学生素质教育的号召，无法摆脱标准化榜样的束缚，片面性地看待问题，导致教育效果不理想。第三，榜样学习热度转瞬即逝。榜样示范性应是长期、自觉的行为活动，但是，大学生在学习过程中时常会出现学时认真、听时反思、学后即忘的情况，教师的榜样示范效果大打折扣。第四，部分教师理想信念不坚定，对教育事业责任感、使命感有待增强，易受到社会不良风气的冲击，产生错误观念、不良意识，自律意识有待提升。第五，部分教师对大学生的责任意识不强，对大学生思想状况了解不到位，对大学生的耐心、关心程度不高。

3. 德育工作方法针对性不强

新时代，高校对大学生德育工作的重视程度进一步提升，对德育工作方法的研究也取得了一定的成效。但是对于大多数高校而言，大学生德育工作方法仍然片面地强调"一致性"，忽视了个人的"自主性"和"差异性"。首先，高校学生专业差异大。高校学生归属不同专业，接受能力也不同。在德育工作过程中，往往强调共性，忽略了学生接受知识的差异性，影响了大学生获取知识的系统性和完整性。在教学过程中，着重理论阐释，对处于不同层次的大学生没有针对性的教育指导。对于接受能力强的学生，缺少学生学习主动性的培养；对于接受能力差的学生，缺少理论兴趣的培养，不能满足各层次学生的精神需求。其次，高校学生个性多元化。新时代下，高校学生的个性呈现多样化的特点。依据学生的个性特点展开教学，循序渐进，因势利导，能满足新时代大学生的发展需求。但在现实教学时，设定的目标往往过于理想化，忽略了新时代大学生的个性特点。最后，高校德育工作课程模式比较单一。尽管高校德育工作课程涵盖了理论灌输法、实践锻炼法、自我教育法、榜样示范法、比较鉴别法和咨询辅导法等多种方法，但是在教学实践中，多数高校的思想政治理论教学还是以传统的灌输式教学为主要形式。固定单一的形式、一成不变的腔调，导致大学生对德育工作过程的参与度不高。新时代的大学生需要更加多样的教育方式，他们对实践体验、交流辩论、自主活动等形式有较大的兴趣，希望更加自主地参与到教育环节中。

4. 德育工作的实效性不佳

进入新时代，德育工作者不断探寻增强德育工作的方法并进行改进，德育工作取得了一定成效，但是随着世界形势和学生主体特征的不断变化，德育工作实效性不佳的问题依然存在。首先，社会上长期以来对思想政治教育的刻板印象形成惯性约束，学生认识不到其重要性，有抵触情绪。其次，当前德育工作内容与大学生实际生活存在一定差距，且思想政治课程与专业所需对接有限，就业实用性不强，因此大学生不愿意下功夫去深入学习领会。再次，教师在教学时更倾向于理论层面的教育，对于实践部分往往流于形式，实效性不强。最后，大学生自我意识较强，喜欢展现自我，崇尚个性生活，而对理论说教比较反感。总之，多种原因相互融合，共同造成了目前德育工作实效性不佳的局面。

（三）新时代大学生德育工作问题的成因分析

1. 全媒体时代对德育工作话语权的影响

全媒体技术是指综合运用多种媒介表现形式，如文、图、声、光、电，来全方位、立体化地展示传播内容，同时通过文字、声像、网络、通信等传播手段来传输的一种新的传播形态，这一新兴的传播形态对新时代大学生德育工作而言，既是机遇也是挑战。一方面，全媒体技术极大地拓展了德育工作的空间，优化和创新了德育工作的手段，实现了德育工作内容的数字化与高效化传递。同时，全媒体技术构建了"人人都有麦克风，人人都是通讯社"的传媒新格局。另一方面，全媒体时代下话语主体的多元化在一定程度上对德育工作话语权产生了影响，不利于新时代大学生德育工作水平的提高。

（1）多主体话语对德育工作话语权的影响

在传统的德育工作过程中，教师处于主导地位，学生往往处于被动接受教育内容的状态。所以，传统德育工作以知识信息的"单向灌输"为基本模式，学生作为教育客体而存在，教学关系具有明显的不对等性。[①] 但在全媒体时代，高校德育工作充满了"科技感"，它的时代气息十分明显。同时，新时代大学生自我管理的意识正日益增强，他们十分重视自己的话语权，且他们的话语权具有开放性的特征。一方面，在网络空间，新时代大学生可以自由地表达观点、排解情绪或表明立场。因为传播方式正在发生变化，他们展现话语权的方式也变得十分多样。同时，他们喜欢尝试网络新鲜事物，喜欢通过网络媒体表达自己的观点，因此打破时间和空间限制的网络交流平台，自然而然地成了他们日常发表看法和讨论的聚集地。由于人人都在表达自我，都掌握着话语权，就可能存在没人有耐心去听别人表达或认真交流的现实情况。因此，在全媒体时代下，人们更多的是对情绪、立场或态度的表达。另一方面，对网络新兴技术精通的新时代大学生具备较强的"文化反哺"能力。与教师相比，大学生更擅长在网络世界找寻自己需要的资源、信息，或是发布一些新鲜资讯。由此，个性鲜明的新时代大学生的发展诉求日益呈现多样化趋势，他们也逐渐成为话语生产和信息传播的力量主体，教师传递信息的权威性和话语内容的垄断性受到消解，因而德育工作的政治引领与灌输功能的预期效果受到影响。

话语主体多元化也在一定程度上影响了德育工作的话语权。一方面，新时代大学生社会交往态度和方式的改变，网络交往态度和方式的转变会直接影响新时代大学生的思想行为。比起传统的面对面的交流方式，新时代大学生更愿意接受网络交流与交往。虽然交往行为的网络化，可以使得新时代大学生畅所欲言，展现真实的自我。但网络虚拟交往突破了现实的制约，话语权的开放性也摆脱了社会的道德伦理制约，一些思想上还不够成熟的新时代大学生容易受到不良思想的影响，从而影响他们的价值判断和选择。另一方面，新时代大学生获取信息的渠道显著增多，他们更乐于、敢于传播一系列网络讯息，在网络虚拟空间发表自己内心最真实的想法，

① 傅雅琦，蓝少鸥. 大数据时代的高校思想政治教育变革 [J]. 黑龙江高教研究. 2016（09）：103-106.

有着强烈的自我表现欲望。与现实世界相比，他们的话语权得到了极大的提升。但由于这一群体还不具有完备的辨别与判断能力，他们传播的信息可能是错误或是片面的。由于互联网信息技术环境的纷繁复杂，再加上新时代大学生辨别真假信息的能力还有待提升，以及部分新时代大学生在虚拟的网络空间肆意发表自己的看法或片面解读主流思想等，德育工作的话语主体说服力受到极大影响，主流思想的宣传也受到了很大的阻碍。

由此，如何提升高校德育工作话语主体的说服力，如何进行网络话语权管制，如何教育新时代大学生甄别、抵制失实报道或者虚假谣言也成为摆在新时代大学生德育工作面前的一道难题。

（2）新兴话语体系对德育工作话语体系的影响

在全媒体融合发展的时代背景下，新时代大学生网络话语体系出现了新的变化。网络话语体系之所以对德育工作话语体系是一种挑战，主要有以下两方面原因。

其一，与德育工作的话语体系相比，大量流行的网络话语体系有着明显的不同之处。新时代大学生之所以对网络话语体系产生青睐，是因为它是一种具有虚拟特征的沟通行为。通过语言描写的方式，在网络平台上塑造虚拟世界。由于网络世界具有虚拟性，新时代大学生的人际交往完全是自由的，具有自发性。同时，在虚拟环境和虚拟身份里，他们也能获得更多的认同感。但网络话语体系在给新时代大学生带来全新交往方式的同时，也容易造成其与外界信息的隔离。

同时，在多样化的话语语境下，新时代大学生不仅可以在各个网络平台上发布和传播信息，还可以改变信息传播的形式和内容。这也在一定程度上加大了新时代大学生德育工作话语管理的难度，将在无形中消解德育工作话语体系的效果。

其二，正是因为新时代大学生倾向于将自己的日常交往放在虚拟的场域中，因此他们的沟通方式具有极强的场景适配性和遮蔽性。例如，在新时代大学生群体中十分流行的兴趣圈层，虽然可以满足新时代大学生的情感需求，彰显其个性，但也在无形中建立了一道屏障。这一屏障既减少了外在环境对圈层内部产生的负面影响，也在一定程度上影响了圈外"正能量"在圈层内部的传播。由于新时代大学生喜爱圈层这一交往方式，他们也更容易受到"信息茧房"的影响。"信息茧房"是由美国学者凯斯·桑斯坦（Cass R.Sunstein）提出的。他指出，"信息茧房"意味着我们只听我们选择和愉悦我们的东西。[①] 在全媒体技术的推动下，很多 App 都有个性推荐、智能推送和兴趣分析等技术特征，可以通过智能化的方式对新时代大学生的浏览记录和兴趣爱好等信息进行分析，帮助他们自动过滤不感兴趣的网络信息，进而不间断地给他们推送符合他们喜好的信息。虽然这一技术可以在一定程度上可以辅助新时代大学生筛选一些不需要的信息，但我们不得不关注对德育工作话语权有着严重负面影响的"信息茧房"效应。新时代大学生仅仅关注能使自己获得愉悦感的资讯，可能会导致他们的信息接受面变窄，极大地降低他们对主流思想和政治类新闻的关注，也将加大德育工作话语宣传、引领和整合社会舆论的难度。除此之外，不断加剧的媒体支配力量弱化了德育工作的传播效果，影响了德育工作的话语整合，也影响了新时代大学生的价值选择。

2. 学校德育工作体系有待完善

新时代，尽管高校对于大学生思想教育的重视程度不断提高，高校德育工作也取得了很大成就，但还有待加强。

首先，德育工作水平有待提升。高校德育工作内容转换不到位，与大学生现实状况存在一定差距。在教育内容上，更倾向于思想层次的教育，对社会实践虽有所涉及，但整体而言，社会实践比重偏小，与大学生的现实生活存在一定距离，同预期的教育效果存在一定差距；在教学过程中，大学生的主观能动性欠佳，在课堂上，教师会下意识地引导大学生，调动学生的主观能动性，但同预期教学目标还存在差距；在思想认识上，部分高校没有充分重视德育工作。另外，德育工作本身易出现中立化、形式化、教条化等问题。

其次，学校德育工作师资队伍存在一定问题。部分教师的思想高度有待提升，对于新时代思想的理解和领悟程度还有待提升；教师人才培育机制不够完善，人才流动量大，甚至发生人才流失现象；部分教师师德师风有待提升；教师福利待遇机制有待完善，教师收入与劳动成果存在一定差

---

① 凯斯·R.桑斯坦. 信息乌托邦：众人如何生产知识 [M]. 毕竞悦，译. 北京：法律出版社，2008.

距；教师管理机制比较僵化，而且存在不完善的地方，影响了教师工作的积极性。

最后，德育工作话语缺乏亲和力。一些教师授课时语言较为固定死板，缺少灵活性，欠缺德育工作话语魅力，话语内容过于简单、直白，感染力不强，缺少话语渲染氛围。

3. 家庭环境正向引导力欠佳

家庭是大学生成长的主阵地之一，家庭环境对大学生的成长有着重要影响。但当前，部分大学生的家庭环境缺乏正向引导，主要体现在以下两个方面。

一方面，当代大学生多是独生子女，成长环境相对优越，其需要容易得到满足，这样容易导致其缺乏自立意识、忧患意识，养成对家庭的依赖心理，长此以往，对大学生思想价值观的形成有不利影响。也有的家长教育理念有待更新，教育方法不够科学，急于求成，揠苗助长，反而起不到良好的教育效果。

另一方面，家庭教育与学校教育配合不协调。部分高校与大学生家长沟通不到位，没有建立家校沟通机制，高校很多辅导员和任课教师都没有家长的任何联系方式，家长缺乏了解大学生在校表现、成绩变化的渠道。也有部分家长不愿主动配合学校工作，认为大学生德育工作就是学校的事，与他们无关。

4. 大学生自身重视程度不高

大学生作为实现中华民族伟大复兴中国梦的未来建设者和实现新时代宏伟奋斗目标的主力军，对其思想政治方面的教育直接会影响到将来对祖国、对社会的贡献。但是不少高校大学生缺乏对德育工作的重视，在课程学习中得过且过，不去深入地学习和领会。

一方面，大学生的理想信念不够坚定。一些大学生在经过高考之后，对大学校园产生了不适应感，不清楚为何而学习，既没有长期目标，也有没有近期打算。新时代大学生普遍追求彰显个性，有追求梦想的勇气和自信，一些大学生在追逐个人梦想的过程中，过于强调自身感受，对"奉献社会与国家"有所忽视。

另一方面，大学生对德育工作不重视。在高校中，与德育工作直接挂钩的课程是思想政治理论课，该课程多以共同课、大班课的形式出现，上百人共同上课，导致大学生从潜意识中认为这门课不重要，进而对德育工作也不够重视。部分大学生对自身的定位不够清晰，以旁观者的姿态看待社会发展，未能意识到自身对社会发展的重要作用。部分大学生过于依赖他人，自我教育、自我反思能力不强，在个人品德学习过程中，学习内容、学习方法的针对性欠佳。

第五章　新时代大学生德育工作理念创新

德育工作理念是德育工作活动的根本指导思想，教育的内容、方法、途径、体制等要想真正地创新，前提是理念上的创新。教育理念本身具有深厚的文化底蕴和强大的文化辐射力，是高校校园文化的灵魂和内核，具有鲜明的针对性和指向性，能够有效地内化为大学生的价值标准，并且指导他们的外在行为。新时代就应该有新理念，理念创新的目的在于推动高校德育工作的发展，创新是发展的动力，发展是创新的目的。为了顺应新时代的要求，坚持大学生德育工作理念创新，是当前高校德育工作的一项重要内容。

一、新时代大学生德育工作理念创新的演变内容

（一）政治导向转变为经济导向的德育工作理念

改革开放之前，德育工作理念具有鲜明的政治导向，它作为一种思想观念，是受制于一定社会的经济基础的，因而那个时代德育工作理念的政治色彩比较浓重。改革开放后，德育工作开始围绕经济建设这个中心展开。受到经济导向的作用，德育工作对其价值原则做出了适时的调整，实现了由前期集体主义到后期社会本位的切实转变。立足于经济导向的德育工作理念完全契合两大价值原则，其一是国家至上，其二是集体主义。据此来看，有了正确的思想引导，改革开放和市场经济建设都能获得稳步发展。

德育工作理念是一种理性认识，同时也可被视作是在教育实践活动中所体现的人们的观念意识，其深受教育理论实践活动的发展的影响。依托于经济导向的德育工作理念是对现阶段现实活动呈现出来的理性抽象，在现实指向上，主张坚定不移地致力于为社会主义经济建设这个中心服务。

坚持不懈地奠定和夯实全国人民的思想理论基础，真正确立起德育工作的新视野。经济导向教育理念秉持教育创新发展的科学精神，实现对政治导向教育理念的承接和超越，使得教育理念从政治导向转变为经济导向。

（二）单一化视角转变为开放化的德育工作理念

随着对外开放步伐的不断加快，人们开始吸收西方优秀的教育理念，但并不是盲目地、全盘地吸收，而是根据实际情况有选择地借鉴与吸收。面对新时代社会文化思潮的不断冲击，人们不断开阔视角，形成德育工作的强大合力，从而进一步促进教育理念的创新。

转变教育理念是教育得以发展和改革的前提。以往德育工作的改革缺乏实质性作用，未能做到形式的多样化。唯有立足于教育理念层面实施改革，才可以从根本上改变教育的发展困境。当前我国正处在社会的深刻变革时期，传统的思想观念正受到现代社会的强烈冲击，网络发展更是促使多元化的观念得到迅速传播，但是新的价值观还处在发展当中，尚未成熟。

马克思曾经表示，现实应当竭力向思想迈进，而不应当仅仅是促使思想尽力去表现为现实。德育工作理念应当顺势而变，紧跟社会发展以及变革潮流，符合现实需求，善于面对机遇和挑战，将具有时代性的哲学思想作为基础，以此推动德育工作理念的革新，实现教育理念从单一化视角向开放化的转变。

（三）单向性灌输转变为互动性的德育工作理念

受传统的、落后的德育工作的影响，大学生的主体性一直得不到有效的发挥，一直处于被动的客体地位。社会的发展带来了人们价值观念的变化，教育理念也要发生相应的变化，要真正地做到与时俱进，最为基本的是要遵循以人为本的宗旨，确保人的主体性的正确方向，顺应社会发展的要求，这样才能够充分地体现出德育工作的真实意义。

20世纪80年代初，改革开放进程逐步加快，主体性教育开始得到教育界的关注，这标志着当代教育理念发展的一大进步。德育工作理念随着时代的发展不断被赋予新的内容。新时代大学生只有立足于优秀的教育理念之上，才能够找到自己的出发点和归宿。

新时代高校德育工作领域，一改过去单纯的以教师为主体的教育理念，关注大学生的发展，重视大学生的主体性，形成了教师同学生之间的主体间性教育。这一方式能够极大地调动学生的积极性和创造性，实现从单向性灌输向互动性的转变。

二、新时代大学生德育工作理念创新的着力点

时代在变迁，社会在发展，人心在思变，有效开展大学生德育工作是一个永恒的课题，也是时代赋予高校的一项艰巨任务。我国大学生德育工作理念在实践中不断地变化和发展，在取得成就的同时也面临着诸多发展难题。一个新时代的到来，总是伴随着新的思想、观点和理论，在社会这个绚丽的大舞台上，理念创新要与时俱进。正因为大学生的时代特点与新发展理念相契合，所以新时代大学生德育工作理念创新的着力点在于树立新发展理念，优秀的教育理念是高校不断发展的有力保证。我国大学生德育工作理念的发展现状，把新发展理念有机融入大学生的德育工作体系当中，这在一定程度上给我国新时代大学生德育工作理念创新改革，提供了重要的参考和借鉴。

没有理念，也就没有方向，以"创新、协调、绿色、开放、共享"组成的新发展理念为核心的新发展理念是对马克思主义科学方法论的创造性运用，是对马克思主义发展理念的进一步创新，是对科学发展观的坚持与发展，是对古今中外各种发展思想的借鉴与扬弃，它具有鲜明的问题意识和丰富的时代精神。高校担负着意识形态引领和培养国家人才的重要任务，新发展理念不仅是经济、社会发展的新理念，也是推进高校"双一流"建设的思想引擎和引领大学生德育工作发展的行动指南。将新发展理念的内涵和实践要求有效融合到大学生德育工作中，激发活力、形成合力、注入动力、挖掘潜力、拓展资源，不断提升德育工作者对大学生德育工作理念创新的动力，通过理念创新从根本上促进高校大学生德育工作高水平、高质量的发展。

（一）以创新发展理念激发创新活力

创新发展理念能够为教育发展提供精神动力。在教育中，唯有用创新发展理念激发德育工作者的创造活力，才能使大学生德育工作发挥应有的

作用。

在新发展理念教育中，创新发展理念是引领大学生德育工作发展的第一动力。新时代需要创新型人才，而创新型人才需要通过创新教育来培养。教育只有通过创新，才能打破传统的落后的思维模式和教育理念，找到符合时代的育人思路。因此，新时代大学生德育工作首先要从创新发展理念开始，为高校教育的发展助力。

坚持创新发展理念，就应当将创新始终贯彻在发展的过程当中，作为教育发展的首要目的和核心，以此来激发德育工作者的创新活力。理念创新的目的是要培养全面发展的人，教育必须立足于社会实践，改变传统的灌输模式和应试教育理念，鼓励教育工作者在社会实践中获得创新精神与创造灵感。坚持创新发展理念是我国由教育大国走向教育强国的关键，是影响我国大学生德育工作发展的"牛鼻子"，同时也为文化建设提供了强有力的理论指引。

理念创新是众多创新内容的根本，是一切教育工作得以有效开展的前提。坚持创新发展理念教育，就是要鼓励教育工作者大胆创新，培养他们的创新能力。同时，理念创新还要考虑到学生的自主性，鼓励学生拥有独立思考、勇于批判和主动探索的精神。大学生德育工作要想取得良好的实施效果，需要创新教育理念，按照系统化和科学化的要求，使教育更具时代化。树立创新发展理念可以激发大学生德育工作的创新活力。

（二）以协调发展理念形成创新合力

马克思和恩格斯创建性地论述了未来社会协调发展的思想，为当前我国协调发展理念提供了理论支撑。为此，习近平总书记强调："协调既是发展手段又是发展目标，同时还是评价发展的标准和尺度。……是发展两点论和重点论的统一，……是发展短板和潜力的统一，……"[①]协调不是静态过程，而是一个动态过程。协调和失衡本身是一对矛盾体，协调的主要目的就是调节教育失衡的问题，是当代大学生德育工作持续发展的内在要求。

在新时代大学生德育工作理念创新过程中，要及时补齐短板，善于运用线上线下相结合的方法，统筹规划布局，实现协调发展，这是教育改革发展的重要体现。协调发展理念着眼于全面系统的思维方法，重点强调高校内部各个系统之间关系的平衡性和整体性，推进理念创新持续健康发展。

坚持协调发展理念，德育工作者在进行理念创新时要具有服务的意识，通过教育理念提供给大学生多样化的教育服务，满足大学生多样化的教育需求，有效整合教育资源，注重教育资源的统筹兼顾。首先，需要确保教育的稳定协调发展。同时，在日常的教学活动中，应当有重点地对学生灌输德育工作理念，辅导员在践行协调发展理念方面起着不可忽视的作用。其次，需要促进大学生身心健康的协调发展。大学生德育工作的目标是促进人的全面发展，德育工作目标之间要相互协调。再次，需要促进师生关系的协调发展。它直接影响着大学生德育工作理念的实践效果，教师要平衡教学、育人和科研三者之间的关系，建立平等、和谐、信任的师生关系。最后，需要促进育人工作的协调发展。多方协调，整合各方资源，形成育人合力，构建协同发展新机制。总之，在协调发展中要注重发展的整体效能，避免发展中的"木桶"效应。

（三）以绿色发展理念注入创新动力

绿色代表着希望和动力，象征着和谐、健康、安全。事实上，绿色发展是一种具有全局观念的，系统化、有机化的发展过程。从广义的角度来说，绿色发展包括节约发展、清洁发展、均衡发展、安全发展及低碳循环发展五个方面的含义和要求。"绿水青山就是金山银山"这句话意味着绿色发展人人有责、人人共享。大学生是我国教育的庞大群体，这就需要德育工作者运用生态观教育理念对大学生进行思想教育。绿色发展理念是大学生德育工作发展战略的重要组成部分，不仅包括教育本身的发展，也包括教育发展产生的绿色效应。绿色发展理念教育需要发挥文化育人的功能，致力于教育软实力的建设。

在创新发展理念和协调发展理念的基础上，大学生德育工作需要践行绿色发展理念。大学生德育工作要尊重育人规律，采取科学的育人方法，以绿色发展理念引导绿色管理、绿色文化、绿色教育，构筑绿色生态环境。

大学生德育工作离不开校园文化的熏陶，通过浓郁的校园文化氛围，引导大学生树立绿色发展理念。在绿色发展理念的引领下，进一步推动大学生德育工作的健康持续发展。

一般而言，要发展绿色教育理念，就应当充分发挥教育的绿色效应，培养学生绿色健康的学习方式和生活方式，使学生树立绿色的生态价值观。坚持绿色发展理念教育，构建绿色传播载体，包括绿色知识体系、绿色目标体系、绿色师资体系等，为大学生德育工作实现绿色发展推力。同时，掌握大学生德育工作的内涵，构建可持续发展的绿色生态观。绿色生态观包括绿色生态价值观、绿色生态实践观、绿色生态社会观。把绿色生态意识教育渗透到大学生德育工作中，树立人与自然、人与社会和谐发展的生态价值观；把绿色生态实践教育融入大学生德育工作中，引导大学生在实践中践行绿色价值观。国家要加大对大学生德育工作绿色发展的支持力度，为当代教育行业发展注入新鲜的活力，营造适合大学生发展的绿色文化氛围。总之，充分利用德育工作为大学生生态文明教育所提供的宣传渠道，同时加强大学生的生态文明意识，对全社会的生态文明建设有着重要的推动作用。

（四）以开放发展理念挖掘创新潜力

开放发展意味着"走出去""引进来"，开放发展是协调平衡的开放，是双向互动的开放，是更高层次的开放，也是有担当的开放，开放发展顺应了深度融入大学生德育工作发展的总趋势。今天，开放发展理念已渗透到社会的各个领域和各个层面，该理念的提出，赋予了开放新的内涵，蕴含了古今中外发展的精华，推动了当代大学生德育工作的发展。

教育只有通过开放，才会挖掘出大学生德育工作发展的无限潜力。开放发展理念教育要善于吸收、借鉴古今中外先进的、优秀的教育思想和理念，这样才能促进大学生对于德育工作理念的理解和实践，才能为高校"双一流"建设奠定思想政治基础。因此，用开放发展理念教育提升大学生思想政治素质是很有必要的。在开放理念教育过程中，要做到不忘初心、牢记使命，立足本国，扎实推进大学生德育工作。

坚持开放发展理念教育，丰富教育的空间，挖掘教育的潜力。从新时代大学生的自身角度来看，大学生获取知识的途径呈现多样化的趋势，并且在接受新事物、新思想、新理念的过程中思维活跃。从创新教育理念角度来看，高校根据实际情况与其他高校经常性地开展大学生德育工作研讨活动，创新教育理念，推动教育的发展。坚持开放式的教育理念，能够激发大学生对德育工作的兴趣，提升大学生的学习热情，通过开放的交流平台，借助多种媒介，帮助高校及时了解大学生的思想动态和大学生关注的问题，促进大学生的思想交流，使德育工作理念更加接近学生。随时关注学生所想、所思，以开放的视野，立足本国，放眼世界，深刻揭示新时代大学生德育工作的发展趋势。

（五）以共享发展理念拓展创新资源

共享是人类社会发展的必然要求，发展是共享的基础，共享是发展的目的，共享与发展是辩证的统一体，只共享不发展或只发展不共享都是不可持续的。共享发展的核心理念是以人为本，共享发展理念的本质是人人参与、人人尽力和人人享有的平等共享思想。共享发展理念的提出是对新时代大学生德育工作发展内在要求认识的新高度，表明了大学生德育工作在新时代有新要求。把共享和发展二者高度统一起来，有助于促进教育公平，在德育工作实践发展过程中让学生有更多的获得感，通过分享成果，使大学生的思想觉悟获得全面的提升。

"互联网＋"的强势发展，打破了时空、地域的局限，给教育发展带来了优质的资源和无限的发展空间，使教育走向均衡、合作的发展道路。近年来，围绕"云课堂"为核心展开教学资源云平台建设，并有机结合"网络精品课""微课"，汇聚学校优势和学科优质资源，实现教育资源覆盖所有学校、所有年级、所有学科，这些都拓展了教育资源的共享。共享发展理念的最终目标是以人为本，坚持共享发展理念教育，打造和谐团结的文化氛围，达到文化共享的教育目的，同时将学生的综合发展作为教育的第一要务，尊重学生的主体地位，加强人文关怀，为学生的发展创造条件。

百年大计，教育为本。经济发展离不开教育，大学生德育工作发展离不开创新、协调、绿色、开放共享等发展理念，同时这些理念之间也是相辅相成、相互联系的，目标指向一致，统一于大学生德育工作发展过程当中，形成了统一的发展体系。事实上，这些教育理念是缺一不可的，只有协同发展，才能推动大学生德育工作不断前进，真正培养出社会所需要的全面、合格的接班人。

三、树立新时代大学生德育工作理念创新的时代观念

树立新观念是实现大学生德育工作理念创新的基本前提。在大学生德育工作的过程中，应当适当更新观念。任何时期的德育工作都以前一时期德育工作的成功经验为基础，时代在变化，人们的价值观念也发生了很大变化，思想政治工作的方式方法也要随着之发生相应的变化。真正地做到与时俱进，坚持把立德树人观点作为大学生德育工作的根本任务和中心环节，顺应社会发展的要求，打破传统陈旧观念，重视传统文化，坚持人的全面发展理念、在改革中创新的理念，借鉴优秀教育理念，这样才能够充分地体现出教育的真实意义。我国的高等教育正朝着世界一流方向奋勇前进，按照习近平总书记"扎根中国大地办大学"的根本要求，为实现"两个一百年"的奋斗目标，提供有力的人才支撑。

（一）坚持人的全面发展理念

马克思和恩格斯在《共产党宣言》中描绘共产主义伟大理想时，向全人类宣告："代替那存在着阶级和阶级对立的资产阶级旧社会的，将是这样一个联合体，在那里，每个人的自由发展是一切人的自由发展的条件。"[①]并指出："每一个人都无可争辩地有权全面发展自己的才能，……"[②]全面发展是指包括思维能力在内的人的一切能力的发展，人的全面发展是社会主义社会的基本特征之一。依据马克思主义关于人的全面发展理论，人的全面发展可以理解为"人的体力和智力的充分、自由、和谐的发展，实质上就是人类社会从必然王国向自由王国的过渡，它强调的是人的社会化程

---

① 中共中央马克思恩格斯列宁斯大林著作编译局编译. 马克思恩格斯选集（第四卷）[M]. 北京：人民出版社，2012：647.

② 中共中央马克思恩格斯列宁斯大林著作编译局编译. 马克思恩格斯选集（第二卷）[M]. 北京：人民出版社，1957：614.

度，即整个人类社会在经济、政治、文化各方面的全面发展"①。也就是说，人的全面发展是人在物质生活、精神生活、身心素质等方面都实现发展。人的全面发展不仅是共产主义社会的本质体现，也是建设中国特色社会主义社会的本质要求和奋斗目标，中国特色社会主义的各项事业，既要满足人民的物质需求，又要实现人民素质的提高，也就是要推进人的全面发展。在当今世界知识经济和科学技术对社会影响越来越深远的背景下，国家间的竞争、社会中人与人的竞争都日趋激烈，个人素质的高低就成了竞争的关键。只有全面发展的人才才能掌握竞争的主动权，站在决胜的制高点。习近平总书记指出，要把人才工作抓好，让人才事业兴旺起来，国家发展靠人才，民族振兴靠人才。对于高校教育而言，就是把培养全面发展的大学生作为教育的最终目标。因此，要在高校的教育过程中贯彻人的全面发展理论，实现大学生德智体美劳全面发展。

新时代大学生德育工作要坚持人的全面发展理念，注重大学生人格的塑造，帮助大学生实现成长成才，给大学生的就业创业提供精神支撑。高校德育工作要充分发挥应有的作用，以满足大学生精神层面的需求，养成良好的道德品质，使其成长为能够实现自己人生价值和满足中国特色社会主义事业所需的人才。当前有些大学生在追求物质的过程中迷失了自我，这需要积极的人生价值观的引领，对大学生开展生命观、幸福观、义利观教育，拓展自我教育，注重体验教育，拓展艰苦奋斗精神教育，加强理想信念教育和传统文化教育等，教育和引导大学生抵御社会不良风气的侵蚀，推进大学生思想道德素质的提升，为大学生的成长成才保驾护航。

（二）坚持立德树人理念

继党的十七大报告提出"坚持育人为本、德育工作为先"的理念之后，党的十八大报告深化了这一理念，将立德树人确立为我国教育的根本任务。党的十八大报告明确指出："把立德树人作为教育的根本任务，培养德智体美全面发展的社会主义建设者和接班人。"②这就是说，立德树人体现了

---

① 谭蔚沁. 论马克思"人的全面发展理论"与大学生创业教育[J]. 思想战线，2009（05）：139-140.

② 胡锦涛. 坚定不移沿着中国特色社会主义道路前进为全面建成小康社会而奋斗——在中国共产党第十八次全国代表大会上的报告[M]. 北京：人民出版社，2012：35.

高校教育的本质，是高校的立身之本，是新形势下德育工作的根本任务所在。高校作为传承文化、创造知识、创新思想、培养人才的重要场所，担负着传承宝贵的传统文化、传播知识和技能、进行科研创新、为国家和社会培养所需的德才兼备的人才的重要使命，其中最根本的、最重要的任务就是立德树人。"树人"是指培养合格的人才，通过教育去培养人、改造人和发展人，把大学生培养成国家和社会发展所需的人才；"立德"是树立良好道德，通过道德教育来感化人、引领人和激励人，为塑造人才服务。因此，在立德树人的教育根本任务中，"立德"与"树人"二者紧密相连。第一，"树人"是立德树人的根本，指明了教育的根本目的和价值追求。这也是高等教育的目标方向所在，即高等教育要以育人为本，要把大学生培养成身心健康、德才兼备的优秀人才，培养成有理想信念、又红又专、德智体美全面发展的社会主义合格建设者和可靠接班人。第二，"立德"是为了"树人"，德育工作是培养人才的重要方式和途径，"树人"需要"立德"，只有"立德"才能真正达到"树人"的目标。没有"立德"的"树人"会偏离教育的正确方向，有才无德的人可能会对社会发展有害。高校教育需要培养具有社会主义道德的人才。第三，"树人"要先"立德"，教育要坚持育人为本、德育工作为先的基本原则，体现了德育工作在教育中的首要地位和价值选择。高校教育也要把道德教育作为整个教育过程的中心环节，将其置于学校各项工作的首要位置。

以立德树人作为教育的根本任务，既是对中国传统文化中教育思想的传承，又是对党的与时俱进的教育理念的遵循。我国古代很早就有关于"立德"的教育意识，《左传·襄公二十四年》中有"太上有立德，其次有立功，其次有立言，虽久不废，此之谓不朽"的观点。古人把培养良好的德行、树立崇高理想，能够建功立业、事业有成和著书立说，形成自己的思想体系视为人生的终极追求，而这三种追求中居于首位的就是立德，这充分体现出了古人对道德追求的重视。《管子·权修》中有古人最早对"树人"的认识："一年之计，莫如树谷；十年之计，莫如树木；终身之计，莫如树人。"可见，古人早已认识到培养人才的重要性，并一直坚持人才必有高尚道德追求的教育思想。

为了保证社会主义建设事业后继有人，为国家和社会发展提供可靠的人才保障，党的教育方针始终坚持"育人为本、德育工作为先"的理念。习近平总书记强调："我国高等教育肩负着培养德智体美全面发展的社会主义事业建设者和接班人的重大任务，必须坚持正确政治方向。高校立身之本在于立德树人。"①中国共产党一以贯之这样的教育理念，即以培养社会主义事业所需的人才为根本，突出道德教育的目标，把德育工作放在各项素质培养的首位，把立德树人作为教育的根本任务，并为我国社会主义事业的建设和发展培养了一批批宝贵人才。

当前，我国处于决胜全面建成小康社会，进而全面建设社会主义现代化强国的时代，实现中华民族伟大复兴是党的历史使命和全国人民共同的理想，"培养又红又专、德才兼备、全面发展的中国特色社会主义合格建设者和可靠接班人。"②首要的教育工作就是培养大学生树立社会主义道德，使他们坚定中国特色社会主义道路自信、理论自信、制度自信和文化自信，积极培育和践行社会主义核心价值观，自觉弘扬中华优秀传统文化，弘扬民族精神和时代精神。这就要通过有效的大学生德育工作来实现，把大学生培养成为具有社会主义道德的全面发展的人才，让大学生的个人理想和奋斗，融入中国特色社会主义的共同理想和奋斗之中。

第一，贯彻"立德树人"的教育理念，要求高校把大学生德育工作放在教育工作的首要位置。高校要充分重视和运用德育工作在人才培养中的重要作用，促进大学生脚踏实地、刻苦钻研，形成良好学风；激励大学生敢于探索、勇于创造，专于学术研究；鼓励大学生百折不挠、越挫越勇，形成过硬的心理素质和坚忍不拔的意志品质；教育和引导大学生树立为理想信念奋斗的坚定决心，促进个人奋斗目标与社会主义奋斗目标的结合。

第二，贯彻"立德树人"的教育理念，就是把大学生德育工作融入学校教育的全过程，要求高校除了要做好教育育人的工作，还要通过履行管理育人、服务育人的职责，实现全员育人、全程育人、全方位育人的良好效果。通过高校的管理和服务，把德育工作贯穿于学校日常管理的各个环节，

---

① 习近平在全国高校思想政治工作会议上强调：把思想政治工作贯穿教育教学全过程 开创我国高等教育事业发展新局面 [N]. 人民日报，2016-12-09.

② 中共中央、国务院印发《关于加强和改进新形势下高校思想政治工作的意见》[N]. 人民日报，2017-02-28.

渗透于大学生学习和生活的各个方面，实现全程、全方位的培养。管理和服务部门在不断提高管理和服务水平的过程中，从大学生反映的问题入手，关心大学生的冷暖疾苦，满足大学生的需求，解决大学生的实际困难，以获得大学生的认可和支持。以此为基础，把德育工作融入大学生宿舍、食堂、操场、浴池、活动中心等日常生活的建设、服务和管理当中，引导大学生树立正确的世界观、人生观和价值观，完善自我教育并贯穿于整个学习生活中。在科学严格的管理和细致入微的服务中，在大学生学习生活的一点一滴中，有效开展大学生德育工作。

第三，贯彻立德树人的教育理念，高校领导和教师在通过德育工作使大学生"立德"之前，应使自身先"立德"。立德树人中的"立德"应该是双向的，师德对大学生的示范引领作用不容忽视。习近平总书记在全国高校思想政治工作会议上强调："传道者自己首先要明道、信道。高校教师要坚持教育者先受教育，努力成为先进思想文化的传播者、党执政的坚定支持者，更好担起学生健康成长指导者和引路人的责任。"[①] 大学教师不但有给大学生传授知识和技能的责任，还有引导和教育大学生树立远大理想和养成良好道德品质的使命。教师是学生成长的领路人。正人先正己，立德先立师，教师首先要自觉加强自身的道德修养教育，身教甚于言传，应注重正面教育示范，用自己的模范行为给大学生做表率，用自己的人格魅力感染大学生，以德立身、以德施教，这将对大学生的精神引领和良好行为习惯的养成起到良好的作用。

综上所述，高校只有落实立德树人的理念，把大学生德育工作放在教育工作的首要位置并融入学校教育的全过程，促进大学生全面健康成长，培养具有良好道德自律能力、德智体美劳全面发展的中国特色社会主义事业的合格建设者和可靠接班人。

（三）强化"三全育人"理念

思想政治工作是中国特色社会主义高校的生命线，是高校必须开展的实践活动，需要各方面力量的共同参与，以及相应的领导和工作体制作为

---

① 习近平在全国高校思想政治工作会议上强调：把思想政治工作贯穿教育教学全过程 开创我国高等教育事业发展新局面 [N]. 人民日报，2016-12-09.

支撑。主渠道与主阵地协同育人工作围绕立德树人这一根本任务，还需树立和坚持大思政工作理念，积极建构大思政工作格局，实现全员全程全方位育人。

1. 全员育人

学生德育工作，以培养学生正确的社会政治观、人生价值观、伦理道德观、法制纪律观为主要目标。在高校，师生互为思想政治工作的主客体。在学生眼里，教师是人类灵魂的工程师，是教师帮助学生掌握了知识，使学生学会了如何做人。一般认为，高校学生思想政治工作的实施教育主体是学生思想政治工作者，但实际上，高校的所有人员都是学生德育工作的实施教育主体，因为高校的所有工作都是围绕学生来开展的，离开了学生也就无所谓高校。在高校，无论是授课教师，还是管理人员及后勤服务人员，都被学生尊称为老师，也就是被社会认可的教师。每一位教师都会成为学生效仿的对象。高校的全体教职员工都应该是大学生德育工作的示范者和实施者，他们饱满的工作精神、高尚的道德情操始终在影响着和教育着学生。

坚持全员育人，就是要充分发挥全体教职工的积极性和主动性，使他们明确育人责任，参与育人工作，在教学、科研、党政管理、后勤服务等各个不同的岗位上，尽职尽责，勤奋工作。在实际工作中，要落实全员育人的理念，善于整合校内各方面资源，构建长效性的组织资源保障。在校内，应当积极寻求学校及相关部门的支持，扩展政策资源；要充分调动院系力量，发挥基层战斗堡垒的组织、调度、管理优势，形成校、院、班三级党团组织相互协调、互有侧重的合力，共同投入大学生思想政治工作，在活动中鼓励学生积极参与，营造出如火如荼的工作氛围；更要积极争取学校教务部门的支持和配合，充分发挥学工干部和专业教师的指导作用，将德育工作活动切实有效地纳入学校教学工作范畴之中，推动理论教学与专业学习、课题研究、社会调查相结合，提升大学生德育工作的育人效果。

2. 全程育人

大学生德育工作要贯穿于学生在校学习期间的整个过程。通过学习，学生的科学文化知识水平逐步提高，思想认识水平也在逐步提高。为此，要将德育工作落实到大学生从入学到毕业的整个过程，实施全过程育人。首先，各级各类院校都要根据各自对人才培养的具体目标和基本规格的要求，对大学生德育工作制定整体的规划。要遵循高等学校教育规律和大学生成长的规律，安排教育内容，选择教育方法，采取多种途径，切实加强德育工作，增强德育工作的计划性和预见性，减少德育工作的随意性和盲目性。其次，实施全过程育人，就是要将育人工作贯穿大学生从入学到毕业的全过程，贯穿学校各项工作的全过程。这里要特别注重日常德育工作，依靠广大教师和政工人员，抓好学生日常生活和文化活动等环节的教育工作，保证大学生的健康成长。日常德育工作要增强针对性，即要实事求是，使德育工作与新形势的要求合拍，与社会发展同步，与大学生的思想挂钩。要针对学生思想认识的疑点和难点进行教育，针对大学生普遍关心的热点和兴奋点进行教育，针对大学生思想的敏感点和闪光点进行教育，针对大学生的道德困惑和实际需要进行教育。最后，实施全过程育人，要注重个体的特殊性。我们不能期望一种模式化的教育使每个学生都具有相当的思想理论水平，也不能用教育活动的次数去衡量和评价工作的开展情况。解决思想问题，要深入学生当中，把德育工作的针对性建立在辅导员、班主任亲身调查研究的基础上，使教育过程与学生的切身实际，以及与对学生的思想道德评估、考核联系起来。从个体需要出发对个别学生进行教育，更要讲究针对性，要分层次、有区别、按需要、分类型地实施教育。加强思想政治工作的针对性，是一个说起来容易做起来难的问题，常说做大学生的德育工作需要有决心、信心、耐心和细心，正是体现在这里。

3. 全方位育人

大学生德育工作是一项系统工程，建立大学生德育工作的大格局，必须运用系统思想和系统方法，建立协调、有序、整体的教育体系，这样才能发挥系统的整体功能，增强德育工作的有效性。

一方面，大学生德育工作，要在学校党委的统一领导下，调动各个方面的力量，齐心协力为培养人才的共同目标而奋斗。用一般系统论的整体性思想来考察大学生德育工作，要充分发挥各职能部门的德育工作功能。大学生德育工作，党务部门要抓，行政部门也要抓，而且要逐步建立和完善以行政系统为主的德育工作管理体制。要把大学生德育工作与学生的德智体美劳全面发展综合起来考察。党、政系统要协调配合，和谐同步。同时，还要使学校教育同家庭教育、社会教育联系起来，使德育工作与专业教育、管理教育联系起来，使马克思主义理论课教学、思想政治理论课教学与日常德育工作联系起来，使大学生德育工作与行政工作的各方面联系起来，使党、政、共青团、学生会、学生社团组织等多方力量有机统一，形成党务系统内部、行政系统内部、党政各部门之间、各院系之间职能明确、协作育人、纵横交错的网络结构，形成相互补充、相互配合、上下一致、协调而有序的格局。另一方面，建立全方位的综合网络，重要的是要调动各方面的力量形成综合育人的合力。特别是加强校园文化建设，发挥校园文化育人的功能。从整体上来研究加强校园文化建设，除了在常规的教学、科研活动中育人外，还要注重学校的制度建设、环境建设、组织管理、生活服务等多方面的内容。校园文化建设的任务，是运用文化的力量推动教学、科研向着更高质量、更高水平、更高层次发展，使学校的行政管理和后勤服务工作走向科学化、规范化、现代化的轨道，使校园环境建设和文化制度建设向更高的水平发展。

（四）培养"大思政"理念

从主渠道与主阵地协同育人的特定实施主体来讲，思想政治理论课教师与辅导员队伍是主力，他们对于协同育人的功能实现至关重要。思想政治理论课教师既有深厚的德育工作理论功底，又有丰富的德育工作实践经验，能够很好地将理论与实践相结合，是高校学生思想政治工作的中坚力量。辅导员作为学生日常生活、学习、工作的教育者和引导者，和学生直接接触，并且交流和沟通的机会多，因此关注更多的是学生课余实践的思想状况和行为表现，是高校学生思想政治工作的基础力量。由此看来，挖掘两者之间的沟通和合作，强化个体间的集体合作意识，能够更直接地推动大学生思想政治教育工作的创新发展。

1. 坚持教育目标一致

共同的目标是实现教师同向同行的基础。不同岗位的教师虽然分工不同，职责不同，但都是为了一个共同的教育目标，为了共同的事业，勤勤恳恳地努力工作着。要想实现教师的同向同行，必须使个体的教育目标保持一致。具体来说，目标一致要做到以下几点：一是个人目标要与集体目标相一致。当一个教师加入教师队伍中时，这一集体的共同目标往往已作为一种既定的观念存在于教师头脑之中，充当教师集体的一名成员，也就意味着他已经在一定程度上接受教好学生，培养高质量的德智体美劳全面发展的人才的共同观念，并把它同化为个人的目标，这样就实现了个人目标和学校、社会的一致。如果没有把培养学生、教育学生作为共同目标，就会导致教师行为不一致，个人目标不能与学校集体目标保持一致，也就失去了教师同向同行理念赖以形成的基础。二是不同个体的目标要一致。在大学生德育工作中，思想政治课教师、辅导员和其他教职工既是盟友也是战友。大家工作目标一致，工作环境相同，遇到困难可以一起交流分享，共同分担，取得成绩也可以彼此激励，促进合作。新老教师、不同学科教师在工作上都要目标一致，尤其是思想政治理论课教师和辅导员之间，要勤沟通、勤联络，实现教师与教师之间平等、和谐、团结一致的关系，为共同的目标而努力。三是工作目标要体现立德树人。立德树人是学校一切工作的出发点和落脚点，也应该作为教师个体的工作目标。在工作和实践中，教师工作都要紧密围绕培养德智体美劳全面发展的社会主义建设者和接班人展开，把这个根本任务贯穿于课程建设之中，贯穿于学生管理中，贯穿于校园文化活动中，实现共同的德育工作目标。同时，要坚持一切以学生为本，学生作为学校的主体，也是教师教育对象主体，应建立良好的师生互动，促进学生在和谐、宽松的环境里健康成长，满足学生全面发展的需求，帮助教师更好地实现立德树人的根本任务。

2. 坚持维护集体利益

集体利益中不可回避的就是竞争与合作，竞争与合作是既相互依存又相互排斥的两个方面。教师个体要强化合作意识，但也不能回避彼此之间的竞争关系。坚持维护集体利益，教师要做到以下几点：第一，激发合作意识。合作是物质世界普遍存在的一种现象。每一个人都是在与他人的交往、合作中，获得全面发展和自我实现的。合作在教师之间显得尤为重要和突出。在现代社会中，学科往往分得很细，不同的教师教授不同学科或某个学科的一部分，不同部门的学工人员负责不同项目或管理的一部分，而学生的发展是多方面的综合发展，学生的管理是多方面的综合管理。所以，教育教学任务的最终完成必然是由多位教师或多个部门之间共同努力合作的结果。从事大学生德育工作的教师必须密切地合作，这是由其教育工作的性质所决定的。在具体实践中，要提升教师个体的合作意识，注重沟通能力和合作能力的提升，只有教师之间或不同部门之间很好地合作，才可能促进学生多方面的发展。第二，调节竞争关系。市场经济强调以市场为调节机制，通过市场对资源进行合理配置，以实现资源的优化配置，实现利益的最大化。公平、合理的竞争会最大限度地调动人的积极性、能动性和创造性。经济领域的竞争最终必然会导致其他领域的竞争，当然这也包括教育领域。随着我国改革开放的日益深入，教师的竞争意识越来越强。各层目标资源的有限性使主体之间的竞争成为可能，并且竞争主体之间存在一定的排他性。竞争是寓于合作之中的，合作能力越强，竞争能力也就越强。学校的教育教学工作首先是在各教师之间、各部门之间，以及各学科之间相互协调的基础上进行的，只有各方面相互协调，才能够保证基本的教育教学工作的正常进行。

3. 坚持以学生为本

以学生为本是大学生思政想政治教育科学理念的内在要求。教师应充分尊重和关爱学生，明确大学生德育工作是为了学生的发展。坚持以学生为本，应从以下几个方面做出努力：第一，一切为了学生。教师是学生成长成才道路上的领路人，是学生人生路上的指明灯和方向标，是学生在大学期间可以依靠和信赖的朋友。在大学生德育工作中，要做到一切为了学生。教师要以学生为本，尊重学生，爱护学生，注重学生的全方位发展；调动各种资源，采用各种方式，最大限度地发挥学生的主观能动性，实现学生的健康、全面发展。第二，为了一切学生。大学生德育工作的主体是学生，"一切为了学生，为了一切学生，为了学生的一切"，是对大学生德育工作的最高阐释。这里的一切学生是指所有学生，也就是大学生德育工作要实现全覆盖。没有教育不好的学生，只有不会教育的教师。这就要求教师在大学生德育工作过程中，要合理看待学生的差异，为了每一名学生的发展，尊重和关爱每一名学生，平等公正地对待每一名学生，尤其是要关注学生中的特殊群体，解决所有学生的问题。第三，为了学生的一切。为了学生的一切，就是在大学生德育工作过程中，对学生的教育要突出重点，划分阶段，实现全面覆盖。应该在以学生为本的教育理念的指导下，为处于不同学习阶段的大学生提供全方位的教育服务。

（五）坚持在改革中创新的理念

改革创新是推动人类社会进步和民族发展的强大精神动力。改革就是变革旧事物中不适宜的东西，除弊兴利；创新，就是创造新的事物，弃旧图新。人类文明发展的历史，就是靠着改革创新而变得丰富多彩和不断进步的。新时代大学生德育工作也要坚持改革创新的教育理念，以教育理念、教育思路的改革创新，带动教育内容、教育模式和教育方式方法的改革创新，使大学生德育工作符合时代要求，做到与时俱进。

中国共产党以改革创新的精神，把中国的革命、建设、改革事业不断推向前进，使改革创新逐步凝结成为中国人民认可的时代精神核心。中国共产党从领导革命开始，就勇于创新，坚持把马克思主义中国化，反对教条主义，确立实事求是的思想路线，找到中国革命的规律，形成了毛泽东思想，以此作为指导中国新民主主义革命胜利的思想武器。新民主主义革命胜利以后，中国共产党人重视在社会主义建设实践中的创新，坚持马克思主义基本原理的同时，初步探索社会主义建设道路，并为发展中国特色社会主义积累和提供了重要借鉴。改革开放以来，中国共产党人解放思想，坚持实事求是，创立了邓小平理论，开创了中国特色社会主义发展道路，提出了改革创新对民族和国家发展的重要作用。中国共产党在理论和实践上大胆改革创新，在经济、政治、社会、文化、生态文明建设等方面不断变革，使中国特色社会主义事业取得了巨大成就。党在领导中国人民革命、建设和改革中不断坚持改革创新的理念，极大地调动了人民群众建设社会主义的积极性、主动性和创造性，逐步形成全社会追求变革、奋发向上、敢于创造的进取风尚，改革创新成为时代精神的核心。没有改革创新，社会就难以发展，时代就难以进步。如今，改革创新更是大势所趋、人心所向。改革是决定当代中国人命运的关键。全面深化的改革，让我们不再故步自封，而是奋起直追，解决发展中的现实问题，利用好发展机遇，实现全面建成小康社会和中华民族的伟大复兴。创新是民族的灵魂，是引领发展的第一驱动力，可以让我们在新一轮科技革命和产业变革中抢占先机，加快实现经济强国的目标，实现经济的持续健康发展。改革创新精神激发了人们革故鼎新的勇气和创新创造潜能，让人们更快地接受新事物，敢于变革、敢于竞争，极大地促进了人的全面发展。

改革创新存在于社会主义建设的方方面面，有力地推动了经济、文化、社会、理论、生态文明、党的建设、制度、科技等各个领域的发展进步，高校教育发展同样需要改革创新的强大动力。改革创新是学校的灵魂，高校需要以改革创新的理念为先导，引领其他方面的改革创新，不断推进学校发展和人才培养。缺少改革创新精神的教育，就像一潭死水，缺少灵性和活力，影响教育成效。在社会物质生活极为丰富的今天，德育工作也是需要不断改革创新的，要根据不同的时代特征、社会背景、生活环境，进行德育工作内容、形式、方法、手段、环境和机制等方面的变革创新，让大学生深切体会德育工作对其人生具有重大的指导意义。确保大学生的发展符合社会需要，使之在面对各种困难和挑战时，有慨然应战的勇气和百折不挠的意志品质；在面对挫折和暂时的失败时，有充分的心理准备，不迷惘、不退缩，一往无前；使之明白自身的发展与国家和民族的发展，荣辱相连、休戚与共。大学生德育工作的改革创新使大学生德育工作符合时代要求，满足大学生的实际需要，增强工作的时代感和实效性，促进大学生的健康成长和全面发展。

　　（六）坚持从传统文化中汲取养分的理念

　　习近平总书记强调："中华传统文化源远流长、博大精深，中华民族形成和发展过程中产生的各种思想文化，记载了中华民族在长期奋斗中开展的精神活动、进行的理性思维、创造的文化成果，反映了中华民族的精神追求，其中最核心的内容已经成为中华民族最基本的文化基因。"[1]中华民族是四大文明古国中唯一没有经历断代的民族，中华民族特有的传统文化特点赋予了其独特的气质，虽然几度风雨飘摇，却从未真正倒下，即便在最危难的时刻，也挺了过来，甚至反过来影响不发达的文明，使之与中华文明相融合。如今谈新时代大学生德育工作问题，就必须从传统文化中汲取养分。

　　第一，要将民族坚忍性的理念贯穿大学生德育工作的始终。坚忍就是"屈而后伸"，忍字包含了观察自然规律，敢于挑战恶劣环境而努力生存的勇气。同时，坚忍也作为一种积极的心理状态存在，即不在一时一事上争短长。

---

① 习近平. 论党的宣传思想工作 [M]. 北京：中央文献出版社，2020：90.

另外，坚忍还包括了中华民族坚持不懈达到目标的状态。《孟子·尽心上》说："人之有德慧术知者，恒存乎疢疾。"那些有德行、智慧、谋略、见识的人，多是因为他经常生活在艰难的环境之中。孟子认为，艰难困苦可以磨炼人坚强的意志，锻炼人的德行与智慧。"故天将降大任于斯人也，必先苦其心志，劳其筋骨，饿其体肤，空乏其身，行拂乱其所为，所以动心忍性，曾益其所不能。"孟子强调，一个人要想成就一番事业，必然需要经历各种磨难，从而增加其不具备的能力。只有在艰难困苦中锻炼，才能坚定一个人的意志；只有在逆境中磨炼，才能增长一个人的能力。这段话成为千百年来鼓舞后人要有刚健品格，能够在困境中生存，能在艰苦中奋斗的励志名言。同时，孟子反对自暴自弃，《孟子·告知下》中说："自暴者，不可与有言也；自弃者，不可与有为也。"意思是说，跟自己糟蹋自己的人，没有什么好说的；跟自己抛弃自己的人，没有什么好做的。这是孟子对自暴自弃之人发出的慨叹。如果一个人不能自信、自强、自立，又怎能有所作为呢？表达了孟子激励人们在遭受挫折后要重新振作的思想。

在大学生德育工作创新内容中，拓展和加强传统文化教育，从传统文化中汲取养分，把民族坚忍性的理念贯穿于德育工作的始终，是新时代大学生德育工作改革创新的迫切需要。

第二，用自强不息、持之以恒的理念指导大学生德育工作的开展。中国传统文化中，自强不息有不惧艰难、持之以恒、坚定意志、刚健有为之意。中华民族自强不息的精神，在古代典籍、诸子的思想中都有所体现。在《周易》这部被誉为中国传统思想文化根源，对后世各个领域都产生深远影响的重要典籍中，突出强调了自强不息精神的重要作用。《周易·乾卦·象辞》："天行健，君子以自强不息。"就是说，天道运行周而复始，永不停息，君子也应效仿天道刚健有力的品质，自觉进取、奋发图强、坚持不懈、永不停息。这句话是《周易》对君子应该具有自强的精神品质的集中概括，也成为后人勉励自己效法天道、奋发有为的警句。古代思想文化中对自强不息精神的理解，一方面认为自强不息是刚健不屈、持之以恒的奋斗精神。《周易》乾卦九三爻辞曰："君子终日乾乾，夕惕若，厉，无咎。"意思是说，君子应当努力奋斗，终日都不松懈，晚上也要保持戒备警醒，不疏忽大意，只有一直保持这样，才不会有过失。这句话告诫人们做事要坚持不懈，努力拼搏，这样不仅能避免灾祸，还能扭转局势，取得成功。《周易·家人·象辞》中说："君子以言有物，而行有恒"，君子应该注意自己的言行，言之有物，做事不可半途而废，应持之以恒。在孔子看来，刚健不屈的品格是君子应当具有的基本品质，《论语·子路》："子曰：'刚毅木讷近仁。'"这是孔子称颂人的四种品质，其中的"刚"就是指刚强不屈。孔子还以堆土成山为例，劝诫学生无论是做学问还是提升道德品质，都应该自觉自愿、坚持不懈地去做。另一方面认为自强不息是坚定意志、不畏艰难的刚健品格。古代思想家认为，自强不息是获得成功的关键。一个人在学习、修身、治国的过程中免不了遇到艰难险阻，能最终取得成功的关键在于能否坚持志向不动摇，能否不畏惧困难，在艰苦中磨砺自己。《周易·困卦·象辞》曰："险以说，困而不失其所亨，其唯君子乎。"意思是说君子在面对危险困难时，也能保持乐观的心态，处于穷困的条件下，依然坚定自己的志向和目标，还能够坚持自己的操守。对此，孟子有更深刻的阐述。他认为，人要有志向，不受任何因素的影响，始终坚持自己的志向不动摇，这是能够有所作为的前提。《孟子·滕文公下》："富贵不能淫，贫贱不能移，威武不能屈，此之谓大丈夫。"财富地位、贫穷困苦和权势武力，都不能使一个人动摇，改变自己的志向，才称得上是大丈夫。这句充满豪情的话语，成为后人用来勉励自己的座右铭，表现了人坚守志向不动摇的高尚品质。《左传·襄公二十七年》："志以发言，言以出信，信以立志，参以定之。"立志是实现远大目标的基础，有了明确志向的指引，才能朝向目标努力前行。古代圣贤认为远大的志向，是人们奋斗不息，勇攀高峰，最终取得成功的重要前提。同时，他们也认为经历艰苦磨难，是成才成功的关键。张载的《西铭》中有云："贫贱忧戚，庸玉汝于成也"，说出了逆境更有助于人成长成才的道理。艰难困苦的生活，可以磨炼人的意志，激发人的进取精神，使人千锤百炼之后终有所成。这句话一直激励人们战胜艰苦磨难，不懈奋斗，走向成功。后世将这句话演变为"艰难困苦，玉汝于成"，成为流传于世的佳句。正是自古形成的自强不息精神，激励中华儿女不惧任何艰险困难，以顽强坚忍的意志和积极乐观的精神，不断奋斗进取。大学生是国家培养的高级专业人才，是推动社会进步的栋梁之才。高校要培养大学生自强不息、持之以恒的意志品质，教育和引导大学生刻苦钻研专业知识，扎扎实实掌握专业技能，同时在各方面锻炼和提高自己，坚持不懈，自强、自立、自信，树立远大的理想信念，注重自身的全面发展，努力使自己成为德智体美劳全面发展的社会主义建设者和接班人。

第三，以居安思危、常怀忧患之心的理念培养大学生的责任感。古代思想家认为人应该居安思危、未雨绸缪，有忧国忧民的忧患意识。一方面，忧患意识表现为对个人自身发展的重视，激励人们即使身处安逸的环境中也不要忘记奋斗。《论语·卫灵公》："子曰：'人无远虑，必有近忧。'"意思是说，如果没有长远打算，只顾眼前，在不远的将来就会有危机。孔子告诫人们要有忧患意识，做到未雨绸缪，不要只顾眼前的事物，而忘却了为将来奋斗。《孟子·告子下》中的"生于忧患而死于安乐"是说，只有经常处在忧患之中，才能使人经受各种考验，使人发奋图强，因而得以生存和发展；在安乐的环境中，人就会安于现状、贪图享受而意志消沉，最终导致灭亡。《左传·襄公十一年》中的"居安思危，思则有备，有备无患"提醒人们要事前做好充足的准备，未雨绸缪，以避免祸患。这些思想都充分说明了居安思危的重要性。另一方面，忧患意识还表现在古人对国家和百姓的担忧，激发古代仁人志士心系天下，以天下苍生、以国家民族为己任的高度的社会责任感。在古代思想家中，孔子和老子对忧国忧民思想论述较多，产生的影响也最为深远。孔子在《论语·宪问》中认为君子要能"修己以安人""修己以安百姓"。孔子认为君子不断修身的目的，就是要实现百姓安定。这种关心百姓的疾苦，为解决天下百姓困难而奋斗的思想，体现了儒家以天下为己任的价值追求，对后世影响深远。孔子还担忧民心，《论语·颜渊》："子曰：'自古皆有死，民无信不立。'"孔子认为一个国家如果失去百姓的信任，将难以为继。老子看到因连年征战，社会生产和百姓生活都受到严重破坏而深感痛心。他认为战争是统治者不知足所致，提出"知足常足"的观点。孟子反对统治者以民为敌，提出民本思想。他在《孟子·告子下》中说"生于忧患，而死于安乐也"。他认为忧患可以兴国，一个国家需要树立忧患意识，这样才能有防范意识，从而促进国家的发展。这与欧阳修《新五代史·伶官传序》中的"忧劳可以兴国，逸豫可以亡身"所讲的道理是一样的。无论是帝王将相还是庶民百姓，要想成就一番事业，就要有居安思危的意识和自立自强的精神，追求安逸享受而裹足不前是很难能建功立业、有所作为的。忧患意识激发了仁人志士忧国忧民的历史责任感,让无数有识之士为国家、为民族奋斗不止,甚至牺牲生命。

新时代大学生不仅要有居安思危的意识,在安逸的环境中也不忘记勤奋刻苦、努力奋斗,使自己成长成才,还要有忧国忧民的高度的社会责任感。新时代赋予了大学生新的时代责任与历史使命,大学生应该将个人同国家和民族紧密联系起来,同国家和民族同呼吸、共命运,应该深刻明白自己对于建设祖国所承担的责任和义务。大学生的个人价值体现为在各自研修的领域刻苦钻研、努力创新、自觉学习,用成绩回馈国家、社会和人民。无论在什么领域,新时代的大学生都需要发奋图强,为科教兴国尽自己所能,不断提高自己,从点滴做起,从小事做起,以身作则,为国家兴旺发达竭尽所能,以正确的责任观和强烈的使命感积极投身于中国特色社会主义建设的伟大实践中。

(七)坚持开放原则,借鉴优秀教育理念

20 世纪 80 年代,邓小平同志对教育提出了一些新的方针政策,即教育要面向现代化、面向世界、面向未来的指导方针,并且明确指出了:"现在的世界是开放的世界,中国的发展离不开世界。"[①] 新时代大学生德育工作要想与世界接轨,与时代同步,就必须转变封闭、僵化的教育理念,积极应对国际教育竞争,这样才能在世界教育强国中争得一席之地。

在新时代,高校有必要借鉴其他国家和地区进步的思想文化和德育工作的经验、成果等,构建适应社会主义市场经济所需要的、具有中国特色的德育工作体系。

---

① 邓小平. 邓小平文选(第三卷)[M]. 北京:人民出版社,1993:78.

第六章　新时代大学生德育工作内容创新

德育工作的内容既应以德育工作的目的和任务为客观依据，又要以受教育者的思想品德状况为现实依据。[①] 精准供给教育内容，要从大学生的现实需求出发，同时结合社会需要，实现供需精准对接。因此，本章围绕新时代大学生的群体特征及德育工作存在的问题和成因，创新教育内容，将改革开放精神、抗疫精神、中国梦融入新时代大学生德育工作之中，有的放矢地开展新时代大学生德育工作。

一、创新大学生德育工作内容应遵循的原则

在新时代大学生德育工作内容的供给上要做到"因时而进""因事而化""因势而新"。

（一）因时而进，内容供给的时代性

"因时而进"的"时"既可以指时机，也可以是时代。"因时而进"就是说，要善于抓住时机和紧跟时代发展，及时更新教育内容，促使德育工作精准到位。"因时而进"强调的是供给内容的时代性。

首先，要抓住时机，工作精准到位。德育工作时机是指，学生由于自身受到了某种诱因（自发的或者外部带来的），迫切需要德育工作的时刻。这一时刻蕴含着学生的思想和行为可能会发生转变的条件。这里所说的时机是德育工作的最佳时机，具有短暂性的特点，所以机不可失、时不再来。因此，要善于捕捉时机，积极创设时机，抓住机会运用时机。一方面，对大学生的需要和诉求积极做出回应，及时察觉学生思想和心理的变化。另

---

① 张耀灿，徐志远. 现代思想政治教育学科论 [M]. 武汉：湖北人民出版社，2003.

一方面，捕捉学生的接受特点，注重将理论问题落实细化到学生的学习生活中去，开展各类中国梦教育实践活动，引导大学生将个人需要与社会需要相结合。

其次，要紧跟时代步伐，及时更新教育内容。习近平总书记指出："国内外形势、党和国家工作任务发展变化较快，思政课教学内容要跟上时代，……"①教育内容是顺应时代要求，不断更新和发展的。大学生处于新时代的特殊背景下，成长为时代新人是其关键需要，这一需要是大学生个人需要和社会需要的结合体。因此，在教育内容的设定上，要突出如何使大学生成长为时代新人的内容。第一，以"有理想"为基点的精神教育内容。理想信念需要是新时代大学生最迫切的需要，不论是自身需求层次的提升还是自身的全面发展，都离不开理想信念需要。要着重加强"思想道德与法治"课中的理想信念教育，鼓励学生立志做大事。新时代的大学生要与时代发展的步伐相一致，树立共同理想，在中国梦的实践中完善自己。第二，以"有本领"为中心的能力培养内容。能力的培养既需要专业理论知识的学习，也需要实践活动的锻炼。大学生综合素质的提升，离不开相应的供给内容，比如通过加强劳动教育提升大学生的身体素质和劳动素质。第三，以"有担当"为核心的品格养成内容。要选取培养大学生责任意识和担当意识的教育内容，培养大学生将时代责任与个人梦想结合起来，用中国梦激扬青春梦，在实践中强化担当意识，脚踏实地做好本职工作。

（二）因事而化，内容供给的现实性

"因事而化"的"事"是指"事情"，"化"是指转化。"因事而化"有两个方面的意思，一是针对每个学生不同的情况供应有针对性的内容，二是充分利用现实中的事例开展教育。这里选取的"事"是现实中发生的具有重要意义的，而且是大学生感兴趣的，或者是大学生存在困惑的事情。"因事而化"强调的是供给内容的现实性。

首先，要仔细甄别"事"的选择。"'大思政课'我们要善用之，一

---

① 习近平. 论党的宣传思想工作 [M]. 北京：中央文献出版社，2020：378.

定要跟现实结合起来。上思政课不能拿着文件宣读，没有生命、干巴巴的。"①第一，要联系当下热点问题。在信息化时代，热点问题层出不穷，为德育工作提供了丰富的素材。结合当下的热点问题，可以增加教育内容的现实性和趣味性，培养学生关注现实社会的意识。第二，选择大学生特别关注的事情。不同地区、不同专业的学生，他们所关注的事情和思想上的困惑也是不同的。大一的学生关注的是如何更好地适应大学生活，那么可以讲述一些学习方法，并且鼓励他们立志，做到立志做大事，并且立志需躬行。新时代的大学生务实性较强，或是渴望继续升学或是毕业之后找到称心如意的工作，那么在教育内容的选择上，可以选取有关就业创业、青年职业选择、学术研究的内容。第三，选择与重大节日相关的事情。革命故事、革命杰出人物等都是思想政治课教学的鲜活素材。近代以来，无数革命先辈为了革命而奋斗、奉献甚至牺牲，他们的先进事迹，在今天仍具有震撼力和影响力。革命先烈用自身经历为新时代大学生提供了生动的教材。比如，艰苦奋斗精神是革命文化的一个重要部分，对于当今大学生来说既是良好的示范，也是学习的榜样。在讲述故事时，既要声情并茂，又要注意挖掘故事背后蕴含的价值，使学生深刻认识建立红色政权、成立中华人民共和国的艰难，珍惜来之不易的幸福。将初心和使命贯穿在思想政治课教学的全过程，让学生铭记历史，不忘来时的路。

其次，要做到"事"与"理"相结合。第一，要分析事例背后的理论建构。这就要求教师要做到将"理"和"例"相结合，既要告诉学生是什么，又要讲清楚为什么，更要告诉学生怎么做。自新冠肺炎疫情发生以来，全国共同抗疫，为德育工作呈现了大量的、鲜活的教育素材。大学生也迫切希望得到思政课的回应，得到情感上的共鸣。因此，德育工作者应该以抗疫事实为依据，在宏观上讲述国家为世界抗疫做出的贡献，升华到国家认同和制度自信；在微观上讲述抗疫中先进人物的事迹，以钟南山为代表的医护人员、驰援武汉的志愿者、各地社区工作者等，升华到个人责任担当和爱国情怀。用这些生动的事例把大学生疑惑的问题讲明白，在回应社会现实的基础上，升华到教育价值，更好地提升教育效果。第二，要将教

---

① 关于思政课，总书记提出的这些问题必须想清楚 [EB/OL]. http://www.qstheory.cn/laigao/ycjx/2021-03/09/c_1127188152. htm.

育内容落到实处。在讲述"事例"与"理"时，要扣牢学生的思想和专业，同时采取恰当的方式方法。要注重事例选择的有用性，还要体现问题意识，同时激励大学生对德育工作产生更大的需求。

（三）因势而新，内容供给的创新性

"因势而新"的"势"是指优势或者趋势，"新"是指创新。"因势而新"就是强调教育内容的创新性，根据现有的优势和未来的趋势供给教育内容。当前，"因势而新"就是既要适应国际国内两个大局，又要适应网络思政新常态。在纪念五四运动一百周年大会上，习近平总书记指出："教育引导青年正确认识世界，全面了解国情，把握时代大势。"①

首先，教育内容要体现国际形势和国内趋势。教育内容要紧扣党和国家的指导思想，当前最主要的是进行习近平新时代中国特色社会主义思想教育。新时代大学生表现出对于国内外时政的热切关注，要利用这种关注，培养他们的积极心态，引导他们关注国家和社会发展。大学生是新时代社会发展的重要力量，肩负着民族复兴大任，只有在对国情有深刻了解的基础上，才能准确把握历史所赋予他们的使命。因此，要加强对新时代大学生的国情教育，着重培养大学生的大局意识和全局意识，在国际视野中开拓大学生的眼界，使大学生在世界发展的潮流中坚守底线、坚持自我。国情教育有利于大学生更好地认识当前的国际国内形势，增强民族自尊心与自信心，激发民族忧患意识，从而培养自身艰苦奋斗、勇于拼搏的精神。

其次，教育内容要体现大学生学习生活新态势。要从实际出发，将"大势"转化为德育工作的理论来源。第一，应深入挖掘网络命题中所蕴含的教育资源，并将其转化为教育供给的内容和素材。新时代大学生很早就接触网络，不管是学习方式还是娱乐活动都依赖于互联网。"碎片化"的学习方式容易使大学生过度依赖网络，生在自律意识不够强的情况下，大学生容易沉溺于网络，受到不良信息的影响。因此，要结合网络思政的发展趋势，积极主动回应大学生在网络学习中遇到的思想困惑，帮助它们抵御不良信息的影响。第二，创新要做到有守有为，不能为了提高关注度和点击率，迎合需求而失了内涵。创新绝不能是脱离实际的创新，要让大学生在"两

---

① 习近平. 论中国共产党历史 [M]. 北京：中央文献出版社，2021：332.

个一百年"奋斗进程的"大势"中，实现自身价值。

二、将改革开放精神融入大学生德育工作

1978 年 12 月，党的十一届三中全会吹响了改革开放的号角，作出把工作重心转移到经济建设上来的伟大决策，对我国社会发展具有重大而深远的历史意义。改革开放四十余载，中国特色社会主义事业取得了伟大成就。改革开放精神是中国共产党带领中国人民在改革开放过程中孕育、发展、形成的精神品格。从宏观层面来看，新时代更大程度的改革、更广范围的开放，需要改革开放精神激励前行。从微观层面来看，改革开放精神是一种具有实践伟力和鲜明时代特征，适应新时代德育工作需要的鲜活资源。将改革开放精神融入高校大学生德育工作，是彰显高校大学生德育工作时代性、实效性、针对性的客观要求。

（一）改革开放精神的内涵

改革开放最伟大的成果之一便是改革开放精神的形成。改革开放精神是中国共产党带领中国人民在发展中国特色社会主义事业中形成的精神品格。改革开放伟大壮举，铸就了解放思想、实事求是的求真精神，敢破敢立、大胆求变的创新精神，脚踏实地、破解难题的奋斗精神，尊重多样、兼收并蓄的包容精神，合作共赢、共同发展的共享精神，以及坚定理想、上下求索的梦想精神。改革开放精神是鲜活的，越前进越要丰富改革开放精神的内涵，越奋斗越要让改革开放精神更激荡。

1. 解放思想、实事求是的求真精神

实事求是是毛泽东思想活的灵魂，是中国共产党的思想路线。实事求是指我们认识世界和改造世界就是要从客观实际出发，遵循客观事物存在的内在规律性，不能主观臆断，搞教条主义。党的十一届三中全会以后，邓小平同志在思考如何对待毛泽东同志和毛泽东思想的历史地位，如何认识社会主义的本质，如何建设社会主义的问题时提出，解放思想是解决这些问题的关键。坚持解放思想是要打破传统思维、习惯势力及主观偏见，转向去研究新情况，解决新问题。江泽民同志在 1997 年 9 月党的十五大报告中提出解放思想、实事求是是邓小平理论的精髓。胡锦涛同志指出："解

放思想、实事求是、与时俱进、求真务实,是科学发展观最鲜明的精神实质。"①习近平总书记在庆祝改革开放四十周年大会上指出:"40 年来,我们始终坚持解放思想、实事求是、与时俱进、求真务实。"②对改革开放 40 年经验进行概括时,习近平总书记强调:"实践发展永无止境,解放思想永无止境。"③《在庆祝改革开放 40 周年大会上的讲话》全篇涵盖了解放思想、实事求是的求真精神。

我们要在坚持马克思列宁主义、毛泽东思想、邓小平理论、"三个代表"重要思想、科学发展观及习近平新时代中国特色社会主义思想的基础上,解放思想,与时俱进,根据实际情况正确对待过去的遗留问题及新时期遇到的新问题。解放思想和实事求是是统一的、密不可分的。离开了解放思想就不可能做到实事求是,不能做到实事求是就不是真正解放思想。解放思想、实事求是的求真精神,是中国共产党在革命、建设和改革过程中积累的宝贵经验。解放思想、实事求是的求真精神,是中国共产党人和中国人民在过去、现在、将来离不开的重要法宝。正如邓小平同志所讲:"过去我们搞革命所取得的一切胜利,是靠实事求是;现在我们要实现四个现代化,同样要靠实事求是。"④中国人民将一如既往地立足实际,解放思想,打破固有思维,直面改革发展中的挑战,以求真务实的态度扫除发展中面临的难题。一定要处理好解放思想与实事求是的关系,解放思想是有原则、有范围的解放,不是无底线的解放,在核心问题上一定要立场坚定。因此,推进事物的发展,既需要认清现状把握规律,又需要理论联系实际,在解放思想的同时做到实事求是。

2. 敢破敢立、大胆求变的创新精神

敢破敢立、大胆求变的创新精神在于,破除落后陈旧的东西并且建立适应时代发展,促进时代进步的新的东西。自古以来,中国历史上发生了数不胜数的变法图强运动,目的在于实现几代中国人民的伟大夙愿,即实

① 国务院研究室编写组. 十二届全国人大一次会议《政府工作报告》辅导读本 [M]. 北京:人民出版社,2013:121.

② 习近平. 在庆祝改革开放 40 周年大会上的讲话 [M]. 北京:人民出版社,2018:11.

③ 习近平. 在庆祝改革开放 40 周年大会上的讲话 [M]. 北京:人民出版社,2018:25.

④ 邓小平. 邓小平文选(第二卷)[M]. 北京:人民出版社,1983:143.

现中华民族的伟大复兴。改革开放以来，以邓小平同志为核心的党中央革除不合时宜的计划经济体制弊端，建立了社会主义市场经济体制；破除教条主义、经验主义等僵化思想的弊端，确立了解放思想、实事求是的思想路线。以江泽民同志为核心的党中央为了破除党内的不正之风，提高党的先进性和纯洁性，营造风清气正的政治环境，形成了"三个代表"重要思想，以此加强党风廉政建设。胡锦涛同志在吸取我国和西方国家发展道路经验教训的基础上，为了改变之前在现代化发展过程中唯经济增长指标论和粗放式的发展方式，形成了全面、协调、可持续、以人为本的科学发展观。

党的十八大以来，以习近平同志为核心的党中央在面临新情况新问题时提出了一系列新思想、新举措和新战略，创立了习近平新时代中国特色社会主义思想，它作为马克思主义中国化的最新理论成果，是指导中华民族实现伟大复兴的科学指南。从过去"两位一体""三位一体""四位一体"到"五位一体"的总体布局的部署，理想蓝图和规划路线进一步完善和创新；从依靠投资、出口、消费三驾马车拉动经济增长的需求侧管理到依靠资本、土地、劳动力、技术为要素的供给侧结构性管理，经济社会发展朝着更加健康、可持续的发展目标前进；从过去落后的社会生产力到现在不平衡、不充分的发展，从人民日益增长的物质文化需要到人民对更广泛的民主、更美丽的环境、更稳定的就业、更可靠的医疗保障、更高水平的教育等多种多样、多姿多彩生活的向往和需要，这一切发展和变化都充分地体现出了时代发展的变化。在这一系列发展变化中，中国共产党和中国人民将与时俱进的创新精神一以贯之，为经济、政治、文化、社会、生态的持续发展注入了源源不断的强大精神动力。习近平总书记指出："勇敢推进理论创新、实践创新、制度创新、文化创新以及各方面创新"①，"创新是改革开放的生命"②。在新的社会环境下，我们有更多的难题需要破解，有更多的风险需要化解，新难题的化解必然需要新思维，这就需要我们发扬敢破敢立、大胆求变的创新精神，敢于向阻碍发展的顽瘴痼疾开刀，同时又创造性地提出新方案，以创新驱动发展。

---

① 习近平. 在庆祝改革开放 40 周年大会上的讲话 [M]. 北京：人民出版社，2018：11.

② 习近平. 在庆祝改革开放 40 周年大会上的讲话 [M]. 北京：人民出版社，2018：25.

3. 脚踏实地、破解难题的奋斗精神

奋斗精神需要脚踏实地、求真务实。任何工作的完成、任何成绩的取得、任何梦想的实现都是一步一个脚印,踏踏实实干出来的,都是不断奋勇拼搏、不断攻克难关、不断化解难题的结果。正如马克思所说:"在科学上没有平坦的大道,只有不畏劳苦沿着陡峭山路攀登的人,才有希望达到光辉的顶点。"① 亦如习近平总书记所说:"中国人民自古就明白,世界上没有坐享其成的好事,要幸福就要奋斗。"② 奋斗精神伴随中国人民始终,中国人民自古以来就用奋斗精神开山辟路、攻坚克难。三峡大坝的竣工、青藏铁路的全线贯通,都是劳动人民脚踏实地,用勤劳的双手建造出来的,在此期间浇灌了无数汗水。奋斗精神体现在一步一个脚印的实践中,改革开放伟大实践也是边摸索、边总结的。在无古人经验可循,也无别国模式可鉴的情况下,必须自己摸索实践,探索实践的过程其实就是一种脚踏实地的奋斗过程。

发扬奋斗精神需要具有攻坚克难、直面难题的魄力和勇气。伟大成就的取得没有捷径,不是轻轻松松得来的,是千千万万劳动人民用勤劳的双手干出来的,是在"啃硬骨头"、闯难关的具体实践中奋斗得来的。港珠澳大桥的建成通车、中国高铁跑出的新速度、从"中国制造"走向"中国智造",中国人民日夜奋斗,解决了无数难题,攻克了无数难关,是奋勇向前、勇攀高峰的体现。陶行知先生曾言:"奋斗是人生的代名词,奋斗是万物之父。"唯有奋斗才能把所知化为所行,才能在实践过程中涉险滩、渡难关,实现梦想。发扬奋斗精神需向前看,更要直面困难,新时期的改革开放必然会面临难题,难题倒逼改革,为了解决影响生产力发展的问题,需要及时研究新情况,化解前进道路上的各种风险和挑战,需拿出壮士断腕的勇气真抓实干,把改革推向前进。改革开放以来,我们取得了巨大成就,但也遇到了许多难关,新问题的解决,需要我们发扬奋斗精神,在攻坚克难的过程中完善各方面体制机制,促使各项改革落到实处。奋斗精神对中国发展、人民幸福极其重要。伟大事业的推进,需要每一代人发挥每一代人的作用,

① 中共中央马克思恩格斯列宁斯大林著作编译局编译. 马克思恩格斯全集(第44卷)[M]. 北京: 人民出版社, 2001: 24.

② 习近平. 在第十三届全国人民代表大会第一次会议上的讲话[N]. 人民日报, 2018-03-21.

只有接力奋进、奋起直追，才能跑出好成绩。

4. 尊重多样、兼收并蓄的包容精神

尊重多样是体现包容精神的前提。文明多样性是人类社会的基本特征。世界上 200 多个国家和地区，不同肤色、不同语言、不同信仰、不同文化、不同制度、不同生活方式的人民共同生活在"地球村"，唯有尊重多样，世界才能多彩。只有尊重各国和各民族的文化，才能促进各种文明交流互鉴。各种文明在价值上是平等的，文明只有特色之别，没有优劣之分。各个国家和民族的文明都有自己的特色和优点。"丰富多彩的人类文明都有自己存在的价值。要理性处理本国文明与其他文明的差异，认识到每一个国家和民族的文明都是独特的，坚持求同存异、取长补短，不攻击、不贬损其他文明。"①一切文明成果都值得尊重，以包容的心态对待各国文明，就不存在所谓的"文明冲突论"，人类文明完全可以做到多元相处、和谐共生。因此，我们应秉持"和而不同"的理念，坚持"求同存异"的方针，发扬尊重多样、兼收并蓄的包容精神，在与世界文明交流互鉴中取长补短，促进多元文明和谐共生。兼收并蓄是包容精神的关键，只尊重多样不吸收借鉴、只宽容不学习，也无法彰显中国特色社会主义制度的优越性。中国自古以来就以开放合作、兼收并蓄的包容心态同各国交流合作，张骞出使西域、郑和下西洋等历史事件，充分体现了平等互鉴的包容心态。我们引进外资，学习西方国家的先进技术、先进管理经验，加强合作为企业发展增添活力；秉持开放合作、兼收并蓄的包容精神，以平等相待、和而不同为前提，以文明交流互鉴推动社会进步，在不同文明中汲取营养；尊重世界文明多样性，保护世界文化多样性，以包容互鉴的心态取缔文明优越感，支持各个国家、不同地区发展本国文化，同时积极借鉴国外优秀文化，发展中国特色社会主义文化；在利益面前以"义"为重，反对贸易保护主义和单边主义，以大国担当、共同发展为原则，通过对话协商解决争端，以文明对话方式消除彼此隔阂；以求同存异、开放共享之态体现中国越发展，对世界的贡献越大，对其他国家越有利。中国人民将一如既往地发扬尊重多样、兼收并蓄的包容精神，在文明交流、互学互鉴中促进人类文明繁荣进步，为人类

---

① 习近平. 在纪念孔子诞辰 2565 周年国际学术研讨会暨国际儒学联合会第五届会员大会开幕会上的讲话[M]. 北京：人民出版社，2014：8.

命运共同体意识的培育打好精神文化底色。

5. 合作共赢、共同发展的共享精神

共享的前提是共建，齐心协力共同参与，才能达到合作共赢，互利合作进而共享改革开放成果，才能达到共同发展的目的。改革开放以来实行的具体政策和措施，极大地激发了人民群众的创造性，调动了人民群众的积极性，从沿海到内陆、从东部到西部、从农村到城市，全体人民劲往一处使、心往一处想，为达到全面小康，群策群力，共同贡献智慧，共同付出劳动。党的十八大以来，习近平总书记提出的共享发展理念充分体现出社会主义的本质，体现出共同富裕的发展目标。共享的发展理念包括以下几方面：一是全民的共享，即人人都能共享改革开放的成果；二是全面的共享，即在国家经济、政治、文化、社会、生态等各领域，人民生活各方面的共享；三是共建共享，即只有共同参与到社会主义现代化建设的过程中，才能共享改革开放成果；四是渐进共享，即共享的过程应该是循序渐进的，不可能一蹴而就，达到的水平有高有低，不能搞一刀切，要结合不同地区的发展水平和发展情况，走适合自己的共享发展道路。因此，坚持合作共赢、共同发展的共享精神，就要把"蛋糕"做大，在把"蛋糕"做大的基础上再分好"蛋糕"，只有这样，人民群众的获得感和幸福感才能提高。合作共赢是指以理解、协作、配合的态度为基础，为达到共同目标锲而不舍地去追求、去奋斗。人民群众是劳动的主体，一切物质产品都是人民创造的，在创造物质财富与精神财富的过程中，只有加强合作，才能达到"1+1>2"的效果。共同发展和合作共赢是一脉相通的，共同发展不是只容许一方发展壮大，而是全国人民、世界人民共同发展进步。

改革开放不仅要妥善处理国内关系，还要处理好国与国之间的关系。随着信息技术的发展、各国联系的加强，国与国之间日益成为普遍联系的整体。国家之间的交往、各国利益的交融，更加需要增进合作，以合作促发展，以合作促共赢。全球化趋势不可逆转，世界已经成为一个命运攸关的共同体，合作共赢是唯一出路，也是唯一选择。面对全球性问题，如果抱着功利态度，只考虑本国利益而置他国利益于不顾，最终只能是损人不利己。因此，以共赢为目标，以共享为原则，才是合作发展的长久之道。习近平总书记指出：

"一花独放不是春，百花齐放春满园"①，世界各国人民同处于一个世界，共同生活在利益交融的地球村里，依存程度日益加深，共同发展、共同进步、共同幸福才是各国追求的价值目标。为了构建人类命运共同体，中国以务实担当的责任感，推动"一带一路"走深走实，发展亚投行以帮助更多需要帮助的国家，积极承担全球治理中的责任，维护各国利益，体现大国担当，织就了一张共同繁荣、和谐共生的发展关系网。

6. 坚定理想、上下求索的梦想精神

改革开放，是一个筑梦、追梦、圆梦的历程。习近平总书记在参观《复兴之路》展览时指出，中国梦就是实现中华民族的伟大复兴，这是近代以来最伟大的梦想，并用三句诗来阐述中国的昨天、今天和明天，充分展示出中国人民对中华民族伟大复兴的深切渴望。中华民族的昨天可谓是"雄关漫道真如铁"，近代以来，中华民族遭受了严重的苦难，为了实现国家独立，中华儿女矢志不移、坚定理想，历经千辛万苦，上下求索，终于成立了中华人民共和国，确立了社会主义制度，迈向了建设自己国家的征程；中华民族的今天可谓是"人间正道是沧桑"，改革开放以来，通过走中国特色社会主义这条正确道路，国家的面貌、党的面貌和人民的面貌发生了沧海桑田般的巨变。从温饱不足到温饱问题的解决，从总体小康逐步迈向涉及全体人民，覆盖全领域，体现发展平衡性的全面小康，中国人民始终坚定理想，为了实现全面小康不懈奋斗；中华民族的明天可谓是"长风破浪会有时"，只要中国人民上下一心，朝夕不倦、努力奋斗，就一定能够"直挂云帆济沧海"，以伟大成就、共同富裕、国富民强交出满意答卷，实现中华民族伟大复兴的中国梦。

为了实现伟大梦想，从今天顺利走向明天，首先需要坚定理想信念，理想信念丢失，前进方向就容易迷失，发展机遇也容易错失。改革开放以后，我们所面临的环境变化了，各种文化、各种思潮相继进入人们的视野，影响着人们的价值认同，对人们的理想信念也产生了一定程度的影响。从改革开放取得的伟大成就来看，中国人民在大踏步赶上世界潮流的同时，并没有忘记最初的信仰。理想信念丢失，就会缺少发展动力，只能取得暂

---

① 习近平. 共同创造亚洲和世界的美好未来：在博鳌亚洲论坛 2013 年年会上的主旨演讲 [M]. 北京：人民出版社，2013：5.

时性的利益，无法达到可持续与持久性的发展。理想信念坚定是我们各项事业取得成功的传家宝。邓小平同志曾言："过去我们党无论怎样弱小，无论遇到什么困难，一直有强大的战斗力，因为我们有马克思主义和共产主义的信念。有了共同的理想，也就有了铁的纪律。无论过去、现在和将来，这都是我们的真正优势。"①铁的纪律、共产主义理想信念、改革开放精神显然不是自发形成的，而是长期培育的结果。从中国社会的发展状况、人们的思想认同情况可以得知，我国的主流思想从未因改革开放而改变，马克思主义的信仰从未因时代变迁而减弱。中国特色社会主义事业蒸蒸日上，是中国人民坚定理想信念，在中国共产党的带领下艰苦探索、不懈奋斗取得的。为了实现明天的家国梦，我们仍需上下求索、砥砺奋进，在改革开放拓宽发展道路的同时不辱使命。

（二）改革开放精神是新时代德育工作的鲜活资源

1. 改革开放精神是中国精神谱系新的重要组成部分

中华民族自古以来就有着对精神的追求和崇尚。新时期，中国人民继续在中国精神的指引下为实现伟大复兴的中国梦不懈奋斗。中国精神是以"爱国主义为核心的民族精神和以改革创新为核心的时代精神。这种精神是凝心聚力的兴国之魂、强国之魄"②。改革开放精神不仅是对传统精神的继承和创新，也体现着对时代精神的价值追求，是中国精神新的重要组成部分。古代中国人民在生产实践活动中处处体现了奋斗精神和包容精神，并将其作为教育子女的重要内容和兴家立国之基。改革开放以来铸就的改革开放精神所蕴藏的梦想精神和共享精神，鲜明地体现了中国人民上下求索、合作共赢的精神风貌。改革开放精神还包含着解放思想、实事求是的求真精神和敢破敢立、大胆求变的创新精神，鼓励人们大胆畅想、积极创新、积极创造，显现了中国精神的时代内涵和现实追求，是对中国精神在新时期的时代性诠释。

中国精神教育在大学生品格锤炼、意志磨砺等方面起着关键作用，是德育工作的重要内容，在德育工作中具有举足轻重的地位。德育工作既是

---

① 邓小平. 邓小平文选（第三卷）[M]. 北京：人民出版社，1993：144.

② 习近平. 习近平谈治国理政[M]. 北京：外文出版社，2014：40.

一种理论的教育，也是一种精神的教育。精神教育对于启迪心灵、塑造人格、培养爱国情怀具有积极意义。精神教育在德育工作中所具有的重要地位，既是德育工作的内在要求决定的，又是中国精神本身所具有的价值需求决定的。"思想政治工作是我们党的优良传统和政治优势，是精神文明建设一项基础性工作和搞好两个文明建设的基本保证。"① 德育工作要搞好精神文明建设，应积极弘扬改革开放精神，实现对民族精神的传承和对时代精神的发扬，促使中国精神融入大学生的精神血脉。一方面，改革开放精神作为中国精神宝库中的精神财富，作为中国精神谱系新的重要组成部分，将其融入德育工作，是课堂教学与社会发展相衔接的体现，也是德育工作科学性和时代性的体现，有利于增强德育工作的渗透性和实效性。另一方面，中国精神要传承、接续，将其发扬下去，需要发挥德育工作的育人功能，也需要德育工作者明道信道，遵循德育工作过程的规律，积极挖掘改革开放精神培养人、塑造人的功能，讲出改革开放精神的精髓要义，讲出民族自豪感和时代鲜活感。

2. 改革开放精神是具有实践伟力的德育工作资源

改革开放精神是在改革开放的实践中孕育并形成的，是对改革开放四十余年发展过程中所形成的历史经验的概括和升华，是经过历史和实践检验的宝贵精神财富。社会生活的本质是实践，成果的取得、梦想的实现都是在实践中完成的。改革开放四十余年的伟大成就是党带领全国各族人民解放思想、实事求是、开拓创新、真抓实干的实践成果。习近平总书记强调："伟大梦想不是等得来、喊得来的，而是拼出来、干出来的。"② 改革开放实践中铸就的改革开放精神激励中国人民撸起袖子加油干，勉励中国人民与时间赛跑，深圳从默默无闻的小渔村发展为今天活力四射的大都市，陆家嘴从滩涂到世界金融中心，河西从荒芜河滩到国际化都市，都是中国人民在党的带领下不懈奋斗、上下求索、勇攀高峰的生动体现。贫困县的摘帽，贫困人口脱贫，人民生活由温饱到充实富裕，以及如今的交通便利、生活便捷、环境宜居，不仅得益于改革开放和党的正确领导，更是人民群众在

---

① 中共中央文献研究室编. 十四大以来重要文献选编（下）[M]. 北京：人民出版社，1999：2066.

② 习近平. 在庆祝改革开放 40 周年大会上的讲话 [M]. 北京：人民出版社，2018：42.

实践中发扬脚踏实地的奋斗精神得来的。

德育工作是一项实践性很强的教育活动，是以实践为导向培养人和塑造人，是为了培养社会主义合格建设者和可靠接班人。新时代的大学生需要既懂理论知识，又能将自己所学到的本领、才干应用到实际生活中去。实践能力的培养需要用鲜活的教育资源引导学生，鲜活的教育资源即中国精神中所包含的改革开放精神。改革开放精神是经过实践检验具有磅礴伟力的精神资源，是说服力强、时效性高的德育工作资源，契合了德育工作实践性的需求。当代大学生大都是"00"后，是改革开放实践的经历者和参与者，尤其见证了中国的发展变化，见证了中国人民在改革开放精神指引下所创造的伟大奇迹。改革开放精神作为一种精神的力量要转化为物质的力量，需要在实践中指引大学生客观地认识世界和积极主动地改造世界，需要将改革开放精神传承发扬下去，融入德育工作的理论教学和实践教学中，培养又红又专、能够担当民族复兴大任的时代新人。

3. 改革开放精神是具有鲜明时代特征的德育工作资源

改革开放精神与时代同步，是在新的历史条件下形成的。经过四十多年的伟大实践，我们取得了改革开放伟大成就，但也面临新情况、新挑战和新任务。为了增加粮食产量，让所有人不再挨饿，袁隆平将其毕生精力奉献在杂交水稻培育之中，他带领科研团队集中攻关，一次次打破地域限制，培养出适合不同地域的杂交水稻，这期间是广大科研工作者不断创新、攻坚克难、破解难题的体现，也是科研工作人员发扬改革开放精神的时代性体现。改革开放精神不仅体现在科研领域，经过长期的摸索和实践，我国形成了以公有制为主体、多种所有制经济共同发展的基本经济制度；在以马克思主义为引领，充分吸收中华优秀传统文化，借鉴国外有益成果的基础上形成了中国特色社会主义先进文化，形成了中国特色社会主义发展道路；在全球化发展的今天，为了世界人民共享中国改革发展成果，我国提出了"一带一路"倡议，这都是求真精神、包容精神、共享精神的时代性体现。改革开放进程中铸就的改革开放精神，既体现了时代性又作为鲜活的精神资源激励着中国人民前行。

德育工作的根本目的是促进人的全面发展，培养德才兼备的时代新人。为完成育人目标，德育工作的教育资源就需要贴近实际，体现时代性，符合德育工作的原则和规律，德育工作内容就需要"因时而进"，满足教育对象的情感、意志等方面的需求。新时代大学生是伴随改革开放成长起来的一代，改革开放精神与新时代大学生成长发展的时间和空间距离近，他们在见证改革开放的过程中体会到了改革开放精神带给人们的巨大能量。改革开放精神是对德育工作精神资源的充实和丰富，将其作为德育工作的新资源，有利于体现德育工作资源的时代性特征，有利于增强德育工作的感染力、亲切力和说服力，对于促进大学生的全面发展也会产生积极影响。要使改革开放精神发扬下去，需要将具有鲜明时代性的改革开放精神融入思想政治课堂中，使改革开放精神注入大学生的身心肌体。

三、将抗疫精神融入大学生德育工作

在抗击新冠肺炎疫情这场艰苦卓绝的历史大考验中，孕育了伟大的抗疫精神。突如其来的新冠肺炎疫情成了抗疫精神形成的契机。党和政府带领着全国人民在发扬民族精神和时代精神的强大力量之上，展现出了伟大的抗疫力量，形成了伟大的抗疫精神。抗疫精神有着以爱国主义精神、团结精神、人道主义精神、担当精神、科学精神为主的基本内容和进一步激发大学生的爱国主义热情，引导大学生养成勇于承担、敢于奋斗、甘于奉献的精神品质的重要德育工作价值。

（一）抗疫精神的基本内涵

新冠肺炎疫情是人类与重大传染性疾病在世界范围内展开的一场严峻斗争，是人类面临的共同挑战。党带领着全国人民在英勇抗击新冠肺炎疫情的过程中形成的抗疫精神蕴含着丰富的内涵。关于抗疫精神的内涵，习近平总书记在全国抗击新冠肺炎表彰大会上将其总结为生命至上、举国同心、舍生忘死、尊重科学、命运与共的伟大抗疫精神。[①] 在对习近平总书记关于抗疫精神论述的深入理解的基础上，笔者对抗疫精神的基本内涵作出了以下分析。

1. "天下兴亡，匹夫有责"的爱国主义精神

爱国主义是中华民族的灵魂，是中华民族宝贵的精神财富，是中华民

---

① 习近平. 在全国抗击新冠肺炎疫情表彰大会上的讲话 [N]. 人民日报. 2020-09-09.

族实现伟大复兴中国梦的精神动力，激励着一代又一代的中华儿女为祖国的繁荣发展而不懈努力奋斗。爱国主义是指对自己国家强烈的爱，这是一种深远而持久的情感。列宁指出："爱国主义就是千百年来固定下来的对自己祖国的一种深厚的感情。"①从这个意义上来说，中华民族几千年的发展史就是一部爱国主义发展史。古代有"天下兴亡，匹夫有责""先天下之忧而忧，后天下之乐而乐"的民族至上观念；近现代时期，许多爱国志士为民族的独立和繁荣富强而自强不息、努力奋斗，表现出了鲜明的爱国情怀；社会主义建设时期，涌现出了诸如"大庆精神""雷锋精神""女排精神"等爱国主义精神。从爱国主义的发展历程可见，爱国主义并不是一个固定不变的概念，而是一个历史范畴，是在不同历史时期所体现的不同阶段的内涵。新冠肺炎疫情是一次重大突发性公共卫生事件，在党的科学领导下，全国人民齐心协力，在这场没有硝烟的战场上，涌现出了一大批可歌可泣的爱国感人事迹，这是爱国主义在社会主义建设和发展过程中的全新诠释。

新时代赋予了爱国主义新的内涵，中华各族儿女从情感上、认知上、实践上体现出来对爱国主义新的理解。爱国主义根植于中华民族几千年的深厚历史中，根植于中华民族的血液中。不管是古代、近现代还是社会主义建设时期，中华儿女都有着发自内心的对祖国最自然、最朴素的情怀。因此，爱国就是要以坚定的信念、深厚的情感投身于新时代中国特色社会主义事业的建设过程中。新冠肺炎疫情防控过程中彰显了"天下兴亡，匹夫有责"的爱国主义精神。钟南山院士"出征"武汉，有着为国为民的热血情怀；陈薇院士率专家组进驻武汉，仅用2天的时间就研制出了新冠病毒核酸检测试剂盒，随之投入了使用，紧接着又争分夺秒地研制新冠肺炎疫苗。他们与时间赛跑，与病毒斗争，每一场硬仗都为国奉献自己的力量。他们怀着对生命的尊重和对祖国的爱守护着国家和人民。团结统一、勤劳勇敢、正确处理个人利益与集体利益的关系是爱国主义的价值要求。以国家和民族的发展为己任，着力培养人们的爱国之情，使爱国主义成为全国

---

① 中共中央马克思恩格斯列宁斯大林著作编译局编译. 列宁选集（第3卷）[M]. 北京. 人民出版社. 1972：608.

人民的精神力量。[1]

爱国主义精神的培育并不是针对每个教育阶段，而是贯穿于人的一生。深入开展爱国主义教育，弘扬和培育爱国主义，使每个中国人都清楚地认识到自己肩负着的历史使命和责任担当。四川汶川护士佘莎毅然决然地申请支援武汉，因为她说自己与其他护士不一样，她是汶川人。2008 年的汶川大地震，全国人民无私地援助了汶川，让她切身地感受到了"一方有难，八方支援"的手足同胞之情，感受到了团结一心的中国心。因此，在疫情发生之后，她主动请战，用实际行动展现出了深植于心的团结互助之情。爱国主义除了要有深厚的家国情怀和深刻的认知以外，还要将内化于心的爱国主义外化于行。传承爱国主义就要把自主自觉的实践融入中华民族伟大的复兴梦之中，为实现中华民族伟大复兴的中国梦努力奋斗。北京世纪坛医院的刘宇航护士和当年选择抗击非典的妈妈一样选择去支援湖北，她继承了妈妈的品质，为了同一份责任，冲锋在抗疫一线，用自己的实际行动来彰显自己的爱国情怀。不难看出，在新的历史条件下，爱国主义对国家的发展进步有着极其重要的作用，是我们抵御危机的精神支撑和精神动力。

2. "举国同心，同舟共济"的团结精神

中华民族是一个历史悠久的民族，几千年来，经历过侵略与压迫，面临着一次次外部敌人的侵扰，却能够坚如磐石、屹立不倒，正是由于中华儿女凝聚在一起的团结力量，中华民族才得以延绵不断地传承下来，才能朝气蓬勃地走向未来。团结精神是集体精神的集中体现。在漫长的历史长河中，从古代《淮南子》的"用众人之力，则无不胜也"到近现代中华儿女同仇敌忾抵御外来敌人的侵略，再到改革开放之后的抗震救灾精神，都体现出了中华儿女坚定的团结互助信念，充分体现了团结精神在民族发展进程中的重要作用。全国人民上下一心，齐心协力，带着坚定的信念打响了新冠疫情防控阻击战，显示出了伟大的团结精神。

团结精神体现在全局抗疫的大局意识上。武汉人民识大体、顾全大局，为了守护我国人民的生命安全与健康，选择了关闭离汉通道，全体武汉人

---

① 新时代爱国主义教育实施纲要 [N]. 人民日报，2019-11-13.

民居家隔离，不给疫情防控增添不必要的麻烦，这一顾全大局的决定和举动是有效遏制疫情蔓延的根本保证，对疫情防控起到了关键性的作用。

团结精神还体现在"一方有难，八方支援"的互帮互助上。面对新冠肺炎疫情的大考验，全国人民上下一心，听从指挥，形成了一方有难、八方支援的美好画面，充分发挥了集中力量办大事的中国特色社会主义的独特优势。在湖北抗疫一线，全国各地医护人员不辞辛苦、不舍昼夜地与病毒做斗争，体现了舍小我为大我的深厚的团结情怀。除医护人员以外，全国各地的企业、工人也纷纷驰援武汉，有连夜在口罩生产线上工作的工人们，有将数百万吨生活物资运往武汉的司机们，有当志愿者的青年们，作为有着团结统一的优良传统的中华儿女，他们展现出来的同舟共济、携手同行的团结友爱之情感动着无数人的心。

团结精神还体现在万众一心、齐心协力的全局协作上。我国迅速打响了新冠疫情防控阻击战，在党中央的统一领导和指挥下，全国各地步调一致，统一行动，构建了联防联控、群防群控的科学防控体系，各部门也齐心协力、紧密结合地开展防控工作，形成了全民动员、全面布局、全面加强防疫控疫工作的局面，展现出了团结友爱、齐心协力的团结精神。除统一的全面布局以外，我国还采取了"一省包一市"的方式，调度了19个省级单位支援湖北，这使控疫防疫在整体布局的基础上更具有针对性。在疫情面前，中华儿女以"齐心协力，互帮互助"的情怀构筑起了全面而又科学的疫情防控体系，凝聚起了疫情防控的决胜之力，彰显了万众一心、同舟共济的团结精神。

3. "生命至上，命运与共"的人道主义精神

起源于欧洲文艺复兴时期的人道主义是一种提倡关怀人、爱护人、尊重人、以人为本的思想体系。党和政府秉承着生命至上、命运与共的原则，以维护人民的生命健康为主要职责，带领全国人民打响了新冠肺炎疫情防控阻击战，有力地阻击了新冠肺炎疫情的蔓延并取得了重大战略成果。我国疫情防控不仅有效地保护了我国人民的生命健康，还为世界范围内的疫情防控提供了经验。

生命至上的价值追求深刻地体现出了中华民族的仁爱传统和中国共产党以人民为中心的原则。习近平总书记在全国抗击新冠肺炎疫情表彰大会

上强调，人的生命是宝贵的，失去便不会再来，在保护人民生命安全面前，我们必须不惜一切代价。①新冠肺炎疫情传播速度快、传染范围广，为了保护人民的生命安全，控制疫情肆意蔓延，我们果断关闭了离汉通道，调动了一切可以调动的力量前往湖北抗疫一线，争分夺秒从病毒手中抢治病人。党和政府出台了各项疫情防控规章政策全面保护人民的生命安全，小到刚出生的婴儿，大到百岁老人，近到国内各省市居民，远到国外中华同胞，都得到了作为中国人民应享有的尊重和照顾。在疫情防控中，每一个人的生命都得到了尊重、佑护和照顾，这是中国共产党以人民为中心，全心全意为人民服务的最美诠释。

命运与共的价值追求深刻地体现出了中国人民和衷共济、爱好和平的道义担当，充分展现出了我国作为大国应有的担当感。疫情防控当前，我国不仅迅速采取了有效措施控制国内疫情蔓延，还对全球公共卫生事业尽责，为世界各国的疫情防控提供了经验。疫情防控初期，尽管我国也面临着人力物力缺乏的情况，但我国秉着命运与共的原则，仍然向需要援助的国家派去了我国的援外医疗队。此外，我国还加强了与各国之间的信息共享和经验交流，在检测方法、临床诊治、疫苗药物研发等多个领域都展开了国际合作，支持各国科学家开展病毒溯源和传播途径等的全球科学研究工作，为阻断疫情传播做出了应有的贡献。新冠肺炎疫情是一次全球范围内的公共卫生突发事件，我国秉持着生命至上、命运与共的原则，在全球范围内充分展示了讲信义、重情义、扬正义、守道义的大国形象，体现了作为大国应有的人道主义情怀。

4. "舍生忘死，鞠躬尽瘁"的担当精神

中华民族几千年的发展历史汇成了中华民族薪火相传的精神谱系，担当精神是中华民族的优良传统，是中华民族精神谱系的分支，是我们应对危机、战胜困难的精神保障。担当精神就是勇于承担、奋发有为的精神。担当就要有迎难而上、百折不挠的责任意识。这种负责任的精神状态是我们中华民族不断前进和发展的推动力。古有"黄沙百战穿金甲，不破楼兰终不还"等展现中华民族血脉中担当品质的千古绝唱，今有全国人民为抗

---

① 习近平. 在全国抗击新冠肺炎疫情表彰大会上的讲话 [N]. 人民日报. 2020-09-09.

击新冠肺炎疫情承担起的自觉担当，这是对中华民族优良精神品质的继承和发展，是中国精神的续写。自新冠肺炎疫情爆发以来，党和人民以同甘共苦的责任担当意识为疫情防控阻击战做出了自己的贡献。在维护人民的生命安全与健康上，中国共产党始终坚持以全心全意为人民服务为宗旨，坚持以人民为中心，及时做出了疫情防控部署，用果断科学的布局构筑起防疫抗疫的坚固防线，压实责任到各个部门，建立起群防群控的科学体系。中国共产党科学领导全民抗击新冠疫情，承担起为人民的生命安全与健康保驾护航的责任，是迎难而上、直面困难、勇于担当的最美诠释。

担当精神是迎难而上、勇于奉献的精神。担当就是临危不惧、当仁不让、甘于奉献。在这场疫情防控的艰苦斗争中，一批又一批的白衣天使舍小家为大家，冲锋在抗疫一线，为无数患者及家庭搭起了希望的桥梁。疫情就是命令，患者的需要就是动力。全国上下的医护人员铭记着性命相托、热爱祖国、忠于人民、自愿为医学献身的誓言和对生命的敬畏，在物资缺乏的情况下，忍受着身体和心理的极限压力与病毒做斗争。很多医护人员的面部被口罩、护目镜勒出深深的血痕甚至破溃，也有很多医护人员的双手被汗水泡得发白、发皱，甚至有的医护人员以身殉职。医护人员用自己的血液和汗水构筑了疫情防控的坚固长城，挽救了一个又一个患者，给一个又一个家庭带去希望。让人心生触动的是武汉金银潭医院院长张定宇同志，他本身是一位渐冻症患者，但他并没有因为自己是一位病人而要求特殊待遇，带着病体坚守在抗疫一线，忙得甚至没有时间去照看一眼自己在抗疫一线被感染的妻子。他说："他必须跑得更快，才能从病毒手里抢回更多的病人。"新冠疫情初期蔓延势头严峻，武汉的医院已经容纳不下抗疫初期每日递增的病人，因此国家决定修建雷神山、火神山医院对病人进行分流。建筑工人不舍昼夜、争分夺秒，牺牲自己的休息时间保证了两医院的如期完工，并很快投入了使用，缓解了病区拥挤的压力。这次抗疫防控中，青年一代也交出了他们的答卷，在四万多驰援武汉的医护人员中有相当一部分的"90"后甚至是"00"后，他们在祖国和人民需要他们的时候挺身而出，冒着被感染的风险在抗疫一线挽救和守护患者的生命安全。在这场没有硝烟的战场中，各行各业的人都诠释了新时代中国人民勇于担当、甘于奉献、尽职尽责的优良品质。

5. "求真务实，勇于创新"的科学精神

科学技术渗透在当今世界经济建设和人类生活的各个领域，科技创新越来越成为综合国力竞争的决定性因素。突如其来的新冠肺炎疫情也是对我国科学精神和创新思维的考验，科学研究和实践是我们遏制新冠病毒蔓延的根本，是我们打赢疫情防控阻击战的基础。习近平总书记在全国抗击新冠肺炎疫情表彰大会上指出："尊重科学，集中体现了中国人民求真务实、开拓创新的实践品格。"①新冠肺炎疫情爆发以来，中国共产党坚持以保护人民的生命健康与安全为使命，总揽全局，果断科学决策，坚定打赢抗疫阻击战的信心，注重临床救治与科学研究，在党和人民的共同努力之下有效地遏制了疫情的蔓延。

科学精神就是脚踏实地、求真务实的精神。恩格斯曾说："要明确地懂得理论，最好的道路就是从本身的错误中、从痛苦的经验中学习。"②科学精神是我们抗击新冠肺炎疫情的重要精神财富，是人类战胜病魔的精神力量。新冠肺炎疫情发生以来，党和政府采取科学的态度研判新冠疫情蔓延的形式，采取精准、科学的措施，严格构建防控体系，认识到了科学防疫控疫的重要作用。在科学、求真思想的指导下，通过各部门的全面协同合作，经过艰苦卓绝的战斗历程，我国疫情防控战取得了重大战略成果。取得重大战略成果离不开科学的指导，离不开脚踏实地的努力，离不开普通民众不信谣、不传谣的文明素质，抗击疫情是一场全民战斗，更是一场科学战役，科学防疫是我国疫情防控的关键之一。

科学精神是攻坚克难、创新创造的精神。习近平总书记在考察北京疫情防控时强调，人类同疾病较量最有力的武器就是科学技术，人类战胜大灾大疫离不开科学发展和技术创新。这就要求传染性疾病的专家对它进行不断的探索和研究，分离其毒株，研究有效的治疗方案，进行疫苗研发等科研工作，才能做到科学有效地防疫控疫。在没有特效药的前提下，只能不断优化治疗方案，边治疗边发现问题，边总结边研究，不断创新和完善救治方案，选择中西医结合的治疗方案，形成全面一体的诊疗方案。疫情

---

① 习近平. 全国抗击新冠肺炎疫情表彰大会上的讲话 [N]. 人民日报. 2020-09-09.
② 中共中央马克思恩格斯列宁斯大林著作编译局编译. 马克思恩格斯全集 (第36卷) [M]. 北京: 人民出版社，1975: 575.

就是命令，在命令的"号召"下，各学科领域的专家联合围绕新冠疫情防控，展开了许多基础性和深入性的研究，不管是疾病科学诊断的研究、治疗方案优化的探索，还是疫苗、药品的研发，都付出了艰辛的努力。在大量科学实验的基础上，病毒检测试剂盒很快就投入了使用，治疗方案也从第一版修改到了第八版，这足以体现出我国人民脚踏实地、忠于实践、勇于创新的科学精神。

（二）抗疫精神在大学生德育工作中的作用

抗疫精神作为宝贵的精神财富，与社会主义核心价值观相通融，与大学生德育工作的内容相契合，是大学生德育工作的重要资源，对加强和改进大学生德育工作具有重要意义。

1. 进一步激发大学生的爱国主义情怀

热爱祖国是中华民族的优良传统，是我们宝贵的精神财富，激励着一代又一代的中华儿女为实现中华民族伟大复兴不懈努力奋斗。在新冠肺炎疫情阻击战这场没有硝烟的战场中，涌现出了无数的先进感人事迹，是我们青年学生的榜样，是激发大学生爱国主义情怀的鲜活素材。《新时代爱国主义教育实施纲要》强调，新时代爱国主义教育要面向全体，尤其是学生群体，要引导学生树立国家意识、增加爱国情感。[1]青年是社会发展中最有活力的力量，是国家和民族的未来，是实现中华民族伟大复兴中国梦的主力军。对于大学生而言，学习和践行爱国主义精神是实现民族独立和国家富强的精神动力。将抗疫精神融入大学生德育工作中，让大学生体会到深刻而又强烈的爱国之情，培养大学生深厚的爱国主义情怀，是新时代大学生德育工作的重要内容。

抗疫精神融入大学生德育工作，进一步激发了大学生的爱国主义情怀。抗疫精神是对以爱国主义为核心的民族精神的继承与发展。民族精神贯穿于中华民族发展的始终，抗疫精神是当前民族精神的传承与发扬，其包含的为国为民的家国情怀是指引当代大学生努力奋斗的正确标向杆。在这场没有硝烟的战争中，大学生虽然不能像白衣天使、社区工作者等一样奋战在抗疫一线，但他们从抗疫英雄的身上体会到了奉献、敬业、担当的为国

---

[1]　新时代爱国主义教育实施纲要 [N]. 人民日报. 2019-11-13.

为民的精神，这激励着许多大学生在社区里主动申请担当志愿者，通过自己的方式为疫情防控贡献自己的力量，奉献自己的爱心，彰显了大学生对国家与民族的安全利益负责的爱国情怀。

抗疫精神融入大学生德育工作，增强了大学生对中国特色社会主义制度的认同感。坚持中国特色社会主义制度就是要把坚持党的领导、人民当家作主及依法治国有机地结合起来。习近平总书记在全国抗击新冠肺炎疫情表彰大会上，深刻概括了抗疫精神体现的中国共产党以人民为中心的价值追求。[①] 面对突如其来的新冠肺炎疫情，全国人民在党的坚强领导下，很快就展开了紧张有序的疫情防控工作，取得了疫情防控的重大战略性成果。中国共产党始终坚持全心全意为人民服务，以人民为中心，坚决守护人民的生命健康与安全，带领全国人民抗击新冠肺炎疫情，充分体现了中国特色社会主义的独特优势。当代大学生体验着中国特色社会主义事业的发展成果，感受着中国特色社会主义制度的优势。在抗击新冠肺炎疫情的过程中，我党充分发挥了中国特色社会主义制度的优势，保障了人民的生命安全与健康，向全国大学生展现了党带领人民抗击病毒袭击的美好画面，显示出了中国特色社会主义制度以坚持中国共产党的领导为最本质的特征，证实了中国特色社会主义制度的科学性，增强了大学生对中国特色社会主义制度的认同感。

2. 进一步提升大学生的社会责任感

中华民族是具有担当、奋斗及奉献精神的民族。大学生肩负着实现中华民族伟大复兴中国梦的历史使命，勇于承担、敢于奋斗、甘于奉献是大学生实现人生价值，为中华民族伟大复兴的中国梦贡献力量的重要砝码。

新时代大学生应具备勇于承担社会责任的优良品质。大学生德育工作要以疫情防控素材为教育内容，引导大学生自觉承担社会责任并能正确处理个人利益和国家利益的关系，将责任担当这种优良品质内植于心并外化于行。自疫情爆发以来，李兰娟院士带着她的医疗团队"三进"武汉，第一次进入武汉是在疫情爆发初期，她以专家的身份前往武汉进行疫情研判；第二次进入武汉是疫情防控中期，李兰娟院士及她的医疗团队接管了武汉

---

① 习近平. 在全国抗击新冠肺炎疫情表彰大会上的讲话 [N]. 人民日报. 2020-09-09.

大学附属人民医院东院中最重症的病人；第三次进入武汉是在疫情防控后期，李兰娟院士去武汉了解集中核算排查的情况，根据四组重要数据的分析，她表示武汉是安全的，武汉人是健康的。秉持着对国家和人民负责的态度，李兰娟院士一直忙碌在抗疫一线，为我们把好疫情防控的关口。七十几岁的李兰娟院士都有着如此高的责任担当感，作为大学生的我们应该以之为榜样，激励自己勇于承担社会责任，为打赢疫情防控阻击战和实现中华民族伟大复兴的中国梦做出应有的贡献。

敢于奋斗是大学生实现自身价值的必备品质。习近平总书记强调，幸福是奋斗出来的。青年是国家不断富强，民族繁荣昌盛最有生机的力量，更应该敢于奋斗，坚持树立实事求是、脚踏实地的实干精神。面对突如其来的新冠肺炎疫情，全国各地涌现出大量主动申请驰援武汉的医护人员，他们知道前方的危险与苦难，却依然义无反顾、无所畏惧地申请支援武汉。在武汉抗疫一线，医护人员特别能吃苦、特别能战斗的奋斗精神感动着无数中国人民。在物资缺乏的情况下，他们就自己制作防护工具，为了节省防护物资，减少穿脱次数，他们一进病房就会禁食禁饮八九个小时，对身体和心理都构成了极大的挑战。在这样的环境下，医护人员毅然坚持克服困难，全身心地投入治病救人的工作中去。这种勇于面对困难，敢于奋斗的精神有利于大学生坚定艰苦奋斗的信念。

无私奉献是中华民族的优秀传统美德。在疫情防控阻击战中，处处可见无私奉献的逆行英雄，他们不求回报，书写了战"疫"篇章。面对来势汹汹的新冠肺炎疫情，全国人民听从指挥、顾全大局，全力为疫情奋战。无论是医护人员、社区工作者，还是志愿服务者，都为疫情防控奉献了自己的力量。奋战在抗疫一线的医护人员中也有相当一部分是"90"后甚至是"00"后，他们同样不辞艰辛，直面困难，在疫情防控阻击战中挥洒着自己的汗水。当代大学生应以其为榜样，学习新时代青年奋不顾身、无私奉献的精神，鞭策自己形成甘于奉献的优良品质。

3. 培养大学生独立创新的科学思维

大学时期是一个人成长成才的关键时期，大学生的成长和发展关系着国家的未来与发展。习近平总书记强调："青年是社会上最富有活力、最具有创造性的群体，理应走在创新创造前列。"①我国已经进入中国特色社会主义新时代，大学生不仅要深入学习学科专业知识，而且要运用所学的科学文化知识培养自己的创造、创新能力。面对此次新冠疫情，各领域的专家对新冠病毒治疗方案及疫苗的研制与开发等方面展开了许多复杂的研究。专家经历的艰辛研究历程及他们身上所体现的求真务实、潜心探究的科学精神，有利于大学生培养独立创新的科学思维。

　　大学生能通过此次疫情充分感受到提高创新意识的重要性。创新是国家发展的不竭动力，是综合国力竞争的关键点。创新不是对原有的概念或结果加以主观臆断，而是要在新的层面上用客观、理性的思维，进行求真务实、脚踏实地的研究。陈薇院士是一位与不同病毒搏斗的战士。2003 年，陈薇院士带领着课题组冒着生命危险与"非典"病毒零距离接触，进行着各种研究实验。2014 年西非爆发埃博拉疫情，陈薇院士决定到非洲一线去，她想把中国的疫苗用到全世界人的身上，经过不断努力，陈薇院士带领着科研团队研发了世界首个 2014 基因型"埃博拉疫苗"，给人们带来了希望和安慰。2020 年初爆发的新冠肺炎疫情，陈薇院士在年初二就带着专家组进驻武汉，仅用两天时间，他们研制的新冠病毒核酸检测试剂盒就获得了医疗器械注册证书，很快新冠病毒核酸检测试剂盒就投入了使用，配合核酸全自动提取技术，大大加快了确诊速度。陈薇院士在生物安全领域的创新研究对遏制疫情蔓延、研究治疗方案等方面有着重要的作用，不管病毒多么的顽固，她总能扭转局面，被称为"病毒的终结者"。新时代大学生既是新冠肺炎疫情的经历者，又会是打赢疫情防控阻击战的见证者，在此过程中，大学生可以深刻地感受到求真、创新、严谨的科学精神，这有利于大学生提升其创新意识。

　　培养大学生的创新意识、科研意识是落实科研育人的基础。科学思维是大学生必须具备的综合能力之一，关系到国家和民族的向前发展。科技的力量为打赢疫情防控阻击战提供了强大的支撑。新冠肺炎疫情爆发以来，我们遵守科学的规律，全面的疫情防控布局，把疫情防控落实到决策指挥、诊疗治疗、技术攻克的全过程，采取了中西医结合的治疗方法，被多个国

① 习近平在同各界优秀青年代表座谈时强调：在实现中国梦的生动实践中放飞青春梦想　在为人民利益的不懈奋斗中书写人生华章 [N]．人民日报，2013-05-05．

家借鉴和使用，取得了疫情防控的阶段性胜利。虽然在此次疫情防控中我国的治理能力有所提高，但还存在着突发事件应急处理能力的短板，这值得当代大学生思考和总结，需要发挥大学生创新创造的能动性，推动国家和民族的不断发展。

四、将中国梦融入大学生德育工作

中国梦思想是习近平总书记提出的重要执政理念和指导思想，是党的十八大以来马克思主义中国化的最新理论成果，也是习近平新时代中国特色社会主义思想的重要组成部分，具有鲜明的时代特色和深厚的价值意蕴。中国梦和德育工作都以实现社会主义事业兴旺发达和个人全面发展为最高价值追求，二者在本质内涵上是相通的。在新的历史时期下，推进中国梦融入大学生德育工作，发挥中国梦的精神引领、价值观导向及筑梦动力的宣传教育作用，对于党和国家事业的持续发展及大学生群体的成长成才具有关键意义。

（一）中国梦融入大学生德育工作的价值旨归

1. 中国梦蕴含了思想政治教育价值导向的精神力量

以爱国主义为核心的民族精神和以改革开放为核心的时代精神共同构成了新时代的中国精神，这也是大学生德育工作所内蕴的主体内容和教育目标导向，是体现其价值引领的重要框架板块。

中国梦体现了民族精神，这也是德育工作的重要内容之一。民族精神是一个民族生命力、创造力和凝聚力的集中体现，是一个民族赖以生存、共同生活和共同发展的核心和灵魂。①爱国主义是中华民族精神的首要内核。在我国几千年的历史发展进程中，不同时期爱国主义的精神内涵或有差别，但对国家统一强大、国泰民安的愿望和追求却是一致的。习近平总书记一直在强调，中国梦的重大内涵之一就体现在民族振兴上，这是全体中华儿女奋发振兴中华的高昂的精神面貌和斗志。中国梦期盼广大人民群众养成吃苦耐劳、顽强拼搏、高瞻远瞩和敢为人先的精神和本领，自觉把国家、集体主义利益放在个人利益之前。空谈误国，实干兴邦，要以爱国主义高

① 肖贵清. 实现中国梦的根本途径、精神支撑、力量之源 [J]. 思想理论教育，2013（11）：4–10.

尚情怀引领各领域从业者自觉遵守和践行核心社会价值观，推进中国梦新思想引领高校德育工作发展的价值导向，在新时代中不断赋予爱国主义新的内涵，不断丰富和拓宽中华民族爱国主义精神维度。

中国梦体现了改革创新精神，蕴含了推动德育工作发展的精神动力。当今世界科学技术迅猛发展，国内外竞争日益激烈，中国政治、经济和文化要在世界舞台绽放光彩，必须紧紧依靠改革和创新这个关键着力点。当前时期，中国改革开放进入攻坚期和深水区，各方利益矛盾冲突，多元的价值观融合和摩擦加大，对人民大众的精神世界产生了极大的冲击，迫切需要弘扬主旋律精神，增强精神定力。中国梦具有导向规范功能，可以鼓舞人心、凝聚力量，赋予高校德育工作与时俱进创新发展的精神动能。[①] 新时代主旋律就是在大学生德育工作体系中，在融入改革创新时代精神基础上去弘扬和实现中国梦，以时不我待的使命感和责任感彰显和追求中国梦。时代精神助力中国梦更好地实现，中国梦引领时代精神更好地发展。

2. 中国梦折射了思想政治教育发展的前进方向

中国梦论题既蕴含实践意义，又融合了理论价值，与大学生德育工作的实施要求和发展方向一脉相承，即在立足现实基础上划定未来前进轨道，是现实性和未来性的辩证统一。现实是未来的发展基础，未来是现实的发展方向和目标。[②]

中国梦是习近平总书记遵循马克思主义基本原理，依据中国历史和当前社会现实情况而提出的重大命题，无可置疑地也应成为高校德育工作知识体系的一部分。当前正处于百年未有之大变局，在世界层面，中国以强大的综合国力在世界事务中发挥着建设作用。在民族历史发展进程中，我国从未像当今一样如此接近世界舞台中央，当前已处于国家历史发展的最好水平。在国内层面，以习近平同志为核心的共产党人，坚持以人为本，突出人民主体地位，锐意改革进取，全面建成了惠及 14 亿人的小康社会。这也为高校德育工作奠定了现实的教育基础和未来的发展方向，更提出了

---

① 蒙秋明. "中国梦"：大学生思想政治教育的新内容 [J]. 贵州社会科学，2013（07）：151-153.

② 董德福. "中国梦"的历史嬗变与实现路径 [J]. 江苏师范大学学报（哲学社会科学版），2013（05）：106–112.

时代课题，即为适应当前形势和国家未来发展，德育工作应遵循什么方向，为谁办学，培养什么人、怎么培养人，以及为谁培养人等。

站在历史唯物主义立场来看，中国梦是对实现国家理想的殷切希望，与高校德育工作现代化发展态势相吻合。中国梦在现代性思维方面呈现了静态的现实性和动态的前瞻性，我们既要保持目前国内外良好的发展环境和趋势，采取积极稳健的发展方式，巩固好发展成果，勇攀高峰，又要敢于正视现实，面对国内外影响发展的不利因素，下大气力推进各领域改革的步伐，敢啃硬骨头。正如习近平总书记指出："艰难困苦，玉汝于成。"①经过百年接续奋斗，我们终于找到了民族复兴的正确道路，中华民族迎来了前所未有的复兴时机。这个历史机遇，就是提倡在把握现实的基础上，积极把未来性构思转化成脚踏实地的行动，为早日实现"两个一百年"奋斗目标而贡献力量。

3. 中国梦昭示了思想政治教育面临的机遇挑战

马克思主义辩证哲学告诉我们，事物的发展不是一帆风顺的，而是螺旋式上升和波浪式前进的，前途是光明的，道路是曲折的。毛泽东同志在其文章中指出，矛盾不断出现，又不断解决，就是事物发展的辩证规律。②中国梦作为德育工作内容的重要组成部分，其蕴含的前进性和曲折性特征也集中反映了高校德育工作面临的矛盾问题，即前途与挫折、机遇与挑战并存。

事物的发展由小到大、由简单到复杂、有低级到高级。中国梦的产生和发展路径也是一个动态性的演进过程，既有量的变化，也有质的期待和追求，折射了德育工作的发展演化过程。中国梦与德育工作在内容上是相吻合的。例如，我国在政治、经济、文化、军事和民生建设等领域取得了长足的进步，人民幸福感显著增强，国家呈现蒸蒸日上的繁荣局面。在取得成就的同时，我们也要清醒认识到，中国梦的发展必然是一个迂回曲折的过程，这同样折射了归属于高校德育工作范畴的社会和价值观问题。要实现中国梦，德育工作必须培养大学生群体敢于面对社会矛盾、承受挑战与挫折，坚持道路自信、理论自信、制度自信和文化自信。推动实现中国

---

① 习近平. 论中国共产党历史 [M]. 北京：中央文献出版社，2021：217.

② 毛泽东. 关于正确处理人民内部矛盾的问题 [N]. 人民日报，1957-06-19.

梦的进程中也逐步明晰了教育的机遇和挑战，即德育工作也会经历初级阶段、渐变发展阶段，也会遭遇挫折和挑战，要越战越勇，最终实现立德树人的根本目标。

4. 中国梦彰显了思想政治教育立德树人的根本目标

中国梦是国家梦和个人梦的统一，具有共性和个性的特点。从主体维度看，集体主义是中国梦的价值基础。集体梦的实现需要每个人的共同努力。国人单个的梦想是共同梦想的具体表现和组成部分。要允许和鼓励个人梦想的特殊性，充分地释放每一个逐梦者的创造力和聪明才智，在全社会追求个人梦想的实现。这也是高校德育工作所追求的人的全面发展的价值目标。

习近平总书记在与北京大学师生座谈时强调，检验学校一切工作的根本标准就是立德树人的成效，要在以文化人、以德育人上面钻研。在文化修养、道德品质、思想水平和政治觉悟层面要提升学生的基本水平，做到明大德、守公德、严私德。[①]中国梦蕴含的共性与个性的特征，彰显了德育工作立德树人要求中德才兼备、知识丰富和政治过硬的内涵。中国梦也对新时期思想政治教育提出了标准和要求，即具备个人内在品行与外在本领，二者起合力作用才能铸就时代新人。

中国梦是对美好幸福生活的希冀。这个美好愿望的实现要求大学生群体树立求真务实的拼闯精神，践行空谈误国、实干兴邦的奋斗理念，明悟一切幸福生活都是靠奋斗、靠双手创造的。德育工作的发展目标正是培养这样一批有真才实学、家国情怀和理想追求的大学生。梦想不断变为现实时，我们才能共同托举起伟大的中国梦。习近平总书记也反复强调，国家好、民族好，人民才会好。中国梦不仅关乎民族和国家，也是属于每一个中国人的。从根本上而言，二者在立德树人的导向上是一致的。

（二）中国梦融入大学生德育工作内容体系构成

1. 社会主义核心价值观教育是中国梦的主体

习近平总书记高度重视培育和践行社会主义核心价值观，多次作出重

---

① 习近平在北京大学考察时强调：抓住培养社会主义建设者和接班人根本任务 努力建设中国特色世界一流大学 [N]. 人民日报，2018-05-03.

要论述，提出了明确的要求。社会主义核心价值观对国家、社会及个人层面提出了发展要求和奋斗目标，是新形势下巩固马克思主义在意识形态领域的指导地位，号召全党全国人民团结奋斗的共同思想。

在培育和践行社会主义核心价值观领域，中国梦为其注入了强大的思想动力。在国家价值目标上追求富强、民主、文明、和谐，换言之，就是全体华夏女儿一道为把中国建设成为社会主义现代化国家而努力奋斗的愿景，这是最高理想和价值追求。在社会价值取向上追求自由、平等、公正、法治，在人权、发展成果享有权、法治建设等领域提出了标准要求，目标是建设和谐宜居的文明社会。在个人价值旨归上追求爱国、敬业、诚信、友善，从个人品德、职业道德和社会公德等方面对社会个体提出了要求和希冀，努力营造互帮互助、互尊和睦的社会主义新风尚。中国梦的内涵底蕴，就是坚定政治站位，明晰思想上的是非曲直，培养正面积极的心理状态，积极认同并将社会主义核心价值理念用来指导自我的学习、工作和生活。

社会主义核心价值观是当前先进文化的代表，为中国梦融入高校德育工作提供规范和指引方向，并以强大的精神力量和思想源泉支撑推动中国梦宣传教育迈向更远的前方。

中国梦的内涵要义与社会主义核心价值观的价值导向是完全契合的，都涉及国家、民族、社会和个体领域。在国家、民族和社会层面，社会主义核心价值观表达了中国梦的实践目标；在个体方面，展现了主体践行中国梦的美好愿望和价值追求。中国梦的价值内核与社会主义核心价值观提出的"三个倡导"相一致，突出了历史逻辑与理论逻辑的有机融合。[①]加速推进中国梦融入高校德育工作的步伐，必须立足于深入推进社会主义核心价值观的教育和发展基础上。

2. 爱国主义教育是中国梦的重点

爱国主义教育是把握教育主体实践规律和教育客体认知规律，依托爱国主义的情感、理论和观点，对受教育者施加有组织、有目标的影响，使其形成爱国主义思想，并自觉内化爱国的实践活动。爱国主义是中国梦内生的基本要素，必须明确爱国主义教育的重要地位，并蕴含在中国梦的精

---

① 朱小曼. 中国梦融入大学生思想政治教育的内容之维度分析 [J]. 思想理论教育导刊，2017（04）：135-138.

神引领和责任价值观导向之中。要善于引导大学生感悟中国梦的爱国之魂和全球视野，强化大学生践行中国梦的社会责任感和历史使命感。[①]

爱国主义集中表现为增强国家认同感，树立民族自尊心、自信心和自豪感。[②]在现阶段，爱国主义最本质的体现之一在于认可和拥护中国梦。高举爱国主义旗帜，以中国梦的正能量价值观点燃大学生爱我中华、建我中华、强我中华的爱国热情，使大学生在思想上增强对新时代中国特色社会主义道路的价值认同，自觉认可中华优秀传统文化及社会主义制度的优越性。对外时刻维护党和国家、民族的尊严和荣誉，维护国家团结统一，同反华和分裂主义势力做斗争。对内践行社会主义核心价值观，发挥爱国主义精神的凝聚力和向心力，增进对中国特色社会主义文化的归属感。勉励大学生树立追求中国梦、实践中国梦、圆我中国梦的宏伟志向。

3. 理想信念教育是中国梦的核心

理想信念是人生价值观的根本体现，在高校德育工作融入中国梦的过程中，必须以理想信念教育为中心抓手，明确其作为中国梦教育的核心地位。以中国梦为最终目标，将其理念意蕴贯穿于教育的各阶段和全过程。习近平总书记曾指出，对共产党人而言，理想信念就是其精神上的"钙"，人没有钙就会得软骨病。当前国内外意识形态领域斗争激烈，多元文化思想不断侵袭大学生的头脑，造成部分大学生在理想信念教育认知上存在一定的误区，即中国梦说起来重要，做起来次要，忙起来不要。大学生处在梦想意识最为活跃，实现条件最为充裕的关键时期，这一群体也是建设社会主义现代化、实现"两个一百年"奋斗目标的中流砥柱，对其开展以中国梦为中心的理想信念教育是我们不可推卸的历史性任务。

实现中国梦必须发展中国道路、弘扬中国精神、凝聚中国力量。积极运用中国梦的内涵和外延，通过课堂教学、社会实践活动、媒体宣传感化及家庭氛围影响等多种形式引领大学生理想信念教育，将理想信念教育的内容、原则和意义阐释清楚。注重实践体验式教育，在实践中深化对理想信念教育的理解，使大学生明悟个人利益与集体利益、个体发展与国家前途、个体未来与民族命运之间的辩证关系。在精神品质上崇尚求实进取、无私奉献、砥砺前行；在理想信念上追求冥冥之志、天下为公、为国为民；在实际行动中坚持勇于担当、攻坚克难、实干兴邦。自觉在思想上与党中央保持高度一致，依托中国梦的内涵和精神力量，在大学生理想信念教育中注入强大的生命力和感召力，促进大学生在追求国家梦想和实现个人价值上达到"知"与"行"的高度统一。①

4. 传统文化教育是中国梦的源流

只有从中华民族的土壤中生长出来的价值目标、价值取向和价值追求，才能反映中华民族的发展规律。"民族内生性"元素是全体中国人的内在品性和心绪表征，是时代价值观的本质体现，与中国梦是相契合的。中国梦植根于以儒释道学派为代表的优秀传统思想文化，没有传统文化的滋养和熏陶，中国梦也就失去了精神养料。推进中国梦教育，必须以积极弘扬传统文化为基本要求，中国梦为传统文化赋予了崭新的时代特征与内涵，后者能够依托前者实现教育观念的发展。现代教育注重对受众群体进行素质化人文教育，中国梦在时代方向、现代价值观等领域，对大学生的精神面貌、思维发展和心理健康等方面有不可替代的塑造和引领作用。

仁爱、人文价值是中华优秀传统文化推崇的伦理观，当代精神文明建设的核心和主体是道德文化体系。对个人道德素养的培育历来是中国传统文化和仁人志士所追求的目标，一直占据着中国思想史的主流地位。和谐的人伦秩序和宇宙秩序思想在中国文化的早期阶段就已形成，正风正气也对当前的价值观乱象有相当好的校正作用。人的全面发展和对幸福生活的追求强调了提升个人素养的极端重要性。中国梦蕴含的以人为本的核心要义，结合现代思想文明，为注重德育工作发展的传统文化划定了发展方向，即在开展传统文化教育基础上，融合体现当代价值观和意识形态的中国梦要素，突出其时代内涵特征。深入挖掘中国梦思想价值导向下的传统文化内涵，将其思想精华融入中国梦的教育实践中，引导大学生积极研习中华优秀传统文化。同时，大力开设一大批正规的国学班、国学大讲堂，积极

---

① 刘雪纯，穆阳. "中国梦"对提升大学生思政教育的研究 [J]. 改革与开放，2018（07）：125-126.

弘扬传统文化，在全社会营造学习、践行的良好氛围，在中国梦教育内容体系中以传统文化为重要推进，赋予中国梦本土化、民族化的特征，突出体现特有的民族精神意涵。

5. 道德法治教育是中国梦的支撑

习近平总书记曾强调，改革开放以来，我国社会主义法治建设的成功经验总结，就是走出了一条坚持依法治国和以德治国相结合的中国特色社会主义法治道路。当前时期，在高校德育工作中融入和推进中国梦教育，要以大学生道德法治教育为支撑，发挥中国梦的思想引领和规范作用。中国梦为当代道德法治教育在善恶划分、品行良知、利益分配、活动平台等方面，以及在评价机制、约束机制、激励机制、实践机制等领域提出了理论和现实层面的发展要求，即要明确和回答推进道德发展教育的阶段性目的和终极目标是什么。

突出法治教育，首先应旗帜鲜明地坚持和弘扬中国梦主旋律精神。坚持深入学习马克思列宁主义、毛泽东思想和中国特色社会主义理论体系，善于用辩证的思维看待问题和指导实践，练就过硬的思想理论本领。自觉学习和贯彻党的最新指导思想，践行社会主义核心价值观，自觉主动地向社会传播主流价值观和正能量声音，坚定地同其他"非马""反马""反中"的错误价值观和思潮做斗争。

其次，应坚定不移地运用中国梦来引领大学生道德教育，以达到中国梦内涵所要求的立德树人实效性。明代刘伯温曾以"德不广不能使人来，量不宏不能使人安"来强调道德的重要性。大学生道德素养的提升主要以外在教育为主、自我反省为辅。学校层面应积极坚持以社会主义核心价值观为指导，在中国梦教育实践体验和榜样熏陶中提升学生的自我修养，使学生自觉弘扬爱国主义、集体主义、社会主义思想，积极倡导个人美德、职业道德、社会公德和家庭美德。不断引导学生关注社会现实，立足实际，依据自身情况正确地进行自我反思，有则改之，无则加勉，努力培养敢于担当、责任感强、能力出众、理想远大的好青年。只有全面提升全民族的道德素养，培育和谐的社会风气，形成完善的道德体系，中国梦的思想根基才能进一步得到巩固和发展。

第七章　新时代大学生德育工作方法创新

随着全球化、信息化时代的高速发展，以及我国全面深化改革的深入推进，社会价值观的选择呈现多元化趋势，这也进一步使得大学生的思想特点和群体特征发生了深刻的变化。大学生不仅在心理发展和生理发展方面具有其独特的群体特征，而且在思维方式、行为方式、道德判断及价值观选择等方面也发生了特别明显的变化。他们已经不再满足于接受一成不变、整齐划一式的德育工作方式方法。他们思想开放、视野开阔、善于表现、创造性强，更热衷于跟随新思想和新潮流。对个人生活和学习等各方面的独立自主性，使得他们的自我意识普遍增强。在新时代背景下，准确把握大学生思想行为特点及大学生思想品德形成发展规律是大学生德育工作的基础和前提，这从客观上要求大学生德育工作方法要与时俱进、因势而新地完善与创新。只有大学生德育工作方法紧密结合当前大学生思想行为特定及大学生思想品德形成发展规律，才能促使他们成为德智体美劳全面发展的高素质人才，才能使他们成为合格可靠的中国特色社会主义建设者和接班人。

一、新时代大学生德育工作方法创新的基本原则

新时代大学生德育工作方法创新的本质，其实就是对传统优秀德育工作方法的完善与超越。这有可能是深化感性方法，使其向理性方法飞跃的过程，也有可能是理性方法回归实践、指导实践，在实践中检验真伪的过程。新时代大学生德育工作方法创新，不但要紧跟时代和社会的步伐，而且要以习近平总书记在全国学校思想政治理论课座谈会上提出的"八个统一"为指导，借鉴"理论性与实践性相统一""灌输性与启发性相统一""建

设性与批判性相统一"等重大论断的深刻内涵,坚持遵循理论与实践相结合、继承与借鉴相融合、灌输与疏导相协调、与时俱进与以人为本相统一的基本原则。

(一)理论与实践相结合的原则

理论与实践不但是哲学层面上"知"与"行"的关系,也是现代德育工作学领域的一个对偶范畴。理论是人们通过接触外界环境达到对事物的感性认识,再综合感性认识材料并对其加以整理改造,得到概念、判断和推论的体系。理论是实践的先导,是系统化了的理性认识,理论一旦被人们所掌握和运用,就对人们的实践具有指导意义。实践是人们从事的物质生产活动、阶级斗争,政治活动、科学和艺术活动,能够能动地认识世界和改造世界,实践是理论的基本来源,也是检验理论真伪的唯一标准,没有实践就没有理论。而关于新时代大学生德育工作方法创新遵循理论与实践相结合的原则,笔者认为可以从以下几个方面来理解。首先,从现代德育工作学角度来讲,新时代大学生德育工作方法创新需要相关理论作支撑,也需要构建属于自己的理论体系与学科体系,这样大学生德育工作方法的创新才会更加科学,才会有明确的德育工作目标和正确的政治方向。毛泽东同志曾对理论系统的重要性有过这样生动的阐述,他说:"要完全地反映整个的事物,反映事物的本质,反映事物的内部规律性,就必须经过思考作用,将丰富的感觉材料加以去粗取精、去伪存真、由此及彼、由表及里的改造制作工夫,造成概念和理论的系统,就必须从感性认识跃进到理性认识。"[1] 由此可知,理论系统对于把握事物本质,认识事物发展规律具有非常重要的作用。所以,创新和完善新时代大学生德育工作方法不能忽视理论体系的指导作用。在新的历史背景下,要完善和创新大学生德育工作方法,就必须坚持大学生德育工作方法创新相关理论体系的指引。让理论作实践的先导,让正确的理论来科学地指导新时代大学生德育工作方法创新的实践活动。

其次,新时代大学生德育工作方法的完善与创新本质上与客观实践教学活动如影随形,大学生德育工作方法作为抽象的原理和手段,它源于客

---

① 毛泽东选集(第一卷)[M]. 北京:人民出版社,1991:291.

观实践活动，源于大学生德育工作主体日常的教学、管理、校园活动。列宁曾这样说过："实践高于（理论的）认识，因为它不但有普遍性的品格，而且还有直接现实性的品格。"[①]正是实践的普遍性和直接现实性，决定了一切认识和理论都依赖于客观实践活动，它是认识、理论、概念等的唯一源泉。因此，要与时俱进地完善和创新大学生德育工作方法，就不能离开与之有关的教育教学活动，更不能脱离于其他社会实践活动而独立存在，这些客观实践活动是新时代大学生德育工作方法和相关理论的基本来源，也是唯一来源。

最后，新时代大学生德育工作方法创新的相关理论体系与创新创造的新方法，都要回归到客观实践过程中，在实践中得到真伪的检验。大学生德育工作主体在教学实践过程中运用新方法和理论，如果遇到阻碍，他们会吸取教训，找到不足，重新完善和改进这些理论和方法，并在这个过程中实现教育方法的再创新；如果达到预期的教育目标与效果，他们会以理性的态度继续发扬和坚持这些方法和理论，使其成为我国大学生德育工作方法论体系的重要组成部分。"判定认识或理论之是否真理，不是依主观上觉得如何而定，而是依客观上社会实践的结果如何而定。真理的标准只能是社会的实践。"[②]所以，检验新时代大学生德育工作相关理论与方法是否真伪，离不开教育教学活动，更离不开社会其他领域的客观实践活动。

总之，理论不能脱离实际，理论只有贯穿于实践过程才会有意义，而实践向正确的方向发展并得到有效实施，就必须有理论的能动作用来指导。因此，新时代大学生德育工作方法的完善与创新既要有科学的理论作指导，又要在教学活动中检验方法理论体系的真伪，并在此过程中找出不足，及时进行改进与完善，最终使新时代大学生德育工作方法朝着良好的局面发展。遵循理论与实践相结合的原则，就是要求新时代大学生德育工作方法在创新过程中要处理好理论与实践的辩证关系。

---

① 中共中央马克思恩格斯列宁斯大林著作编译局编译. 列宁全集（第55卷）[M]. 北京：人民出版社，1990：183.

② 毛泽东选集（第一卷）[M]. 北京：人民出版社，1991：284.

（二）继承与借鉴相融合的原则

新时代大学生德育工作方法的创新不能离开继承与借鉴，继承与借鉴相融合的原则是大学生德育工作方法创新的根本保证。新时代大学生德育工作方法要实现完善与创新，就必须要对我国传统优秀德育工作方法进行继承，而且还要对世界各国有益方法和先进手段进行借鉴，只有把这二者有机统一起来，才能在此基础上创造出的新的方法、方式和手段。新时代大学生德育工作方法创新必须处理好继承与创新、借鉴与创新的关系。对于前者，要谨防把二者对立起来，不能一提到创新就否定传统，认为传统的东西与创新无缘，要创新就得另辟蹊径、另起炉灶；对于后者，要防止把二者等同起来，一说创新就把视线转移到外国特别是西方，把外国的东西搬进来、挪过来就以为是创新创造了。这两种思维都是错误的、不可取的。对于这一部分，可以从以下两方面理解。

首先，在继承中创新。创新是在继承前人优秀成果基础上的创新。没有继承的创新就是无本之木、无源之水，离开继承的创新是没有生命力的，常常是昙花一现，对于现实没有任何的参考意义与指导价值。要创新就必须有继承，继承前人优秀的遗产是创新发展的根本动力和源头活水。习近平总书记在纪念孔子诞辰 2565 周年国际学术研讨会上曾说过："不忘本来才能开辟未来，善于继承才能更好创新。"[①]这体现了继承对于创新的重要性，也给我们要如何创新指明了方向。所以，新时代大学生德育工作方法的创新，同样也离不开对已有德育工作优秀成果的继承。不但要继承我国古代德育工作史中促进个人思想品德提高的优秀方法，还要继承中国共产党在革命战争年代、抗日战争时期，以及在社会主义建设期间形成的各种杰出的德育工作方法。继承这些方法，使其成为新时代大学生德育工作方法创新的内生动力，在实践中不断启发德育工作主体与客体，在认识总结、改进完善的双向互动过程中，实现大学生德育工作方法的创新与发展。新时代大学生德育工作方法在继承基础上进行的创新，不是对已有方法的照搬照抄，也不是教条式地拿过去的方法来解决和处理现实的问题。这个继承的过程

---

① 习近平. 习近平谈治国理政（第二卷）[M]. 北京：外文出版社，2017：313.

是批判的继承，是"去粗取精、去伪存真、由此及彼、由表及里"①的改造加工过程，是在过去已有方法的基础上，依据现实条件有所发现、有所发明地辩证继承与创新。因此，要创造出更多科学的、优越的大学生德育工作方法及手段为我国高校德育工作事业服务，为人民服务，为中国共产党治国理政服务，为巩固和发展中国特色社会主义制度服务，为改革开放和社会主义现代化建设服务。

其次，在借鉴中创新。借鉴同样是新时代大学生德育工作方法完善与创新的又一基本条件。借鉴中创新，创新中借鉴，只有这样高校德育工作才能永葆青春活力与生机，才能走在时代前列勇做时代的弄潮儿，才能为中国特色社会主义现代化建设贡献智慧、提供力量。恩格斯曾经有过这样的论断："当我们深思熟虑地考察自然界或人类历史或我们自己的精神活动的时候，首先呈现在我们眼前的，是一幅由种种联系和相互作用无穷无尽地交织起来的画面"②，事物间的相互影响、相互制约和相互作用，共同推动着事物向前发展，任何事物只有在普遍联系中才有意义跟价值。同样在这个全球化时代，没有哪一个国家或民族能够在长期遗世独立、闭关自守中取得进步与发展，不与别的国家和民族交流互动，就永远不知道先进技术、先进文化的重要作用，更不知道自身存在的缺点，永远只会活在自己的世界里做着天朝上国的迷梦，永远不懂得去借鉴其他国家的优秀文化、有益方法和有效经验。因此，在当前形势下，我们不但要放眼世界，合理借鉴其他国家在德育工作方法方面取得的有效手段和经验，从中得到启示，不断完善和创新我国大学生德育工作运用的方法，更要借鉴其他学科运用的科学先进方法。借鉴的重要性不言而喻，但是在借鉴的过程中，要讲原则、守底线，借鉴不能是脱离实际简单地照抄照搬和照猫画虎地偷换概念，而是要结合我国当前的实际情况予以创造性转化、创新性发展，在不断的实践中形成具有中国特色、时代特色的科学方法。唯有如此，新时代大学生德育工作方法才能取得长足发展，大学生遇到的各种道德认知、思维方式、价值取向和行为方式的问题才能得到有效解决，针对大学生进行的德育工

---

① 毛泽东选集（第一卷）[M]. 北京：人民出版社，1991：291.

② 中共中央马克思恩格斯列宁斯大林著作编译局编译. 马克思恩格斯选集（第三卷）[M]. 北京：人民出版社，1995：359.

作才会更加具有感召力。

因此，要在习近平新时代中国特色社会主义思想指导下，坚持正确的思想政治路线，坚持正确的德育工作理念，将继承与创新、借鉴与创新有机融合，运用科学的思维方法，坚持"两点论"对继承的内容与借鉴的内容进行研究、分析和鉴别，然后根据新的时代背景和新的历史条件将二者加以整合，给继承的内容赋予时代主旋律，使之具有时代特色和价值；给借鉴的内容注入中华民族的人文精神，使之具有中国特色。总之，新时代大学生德育工作方法的完善与创新，是在继承基础上的创新，是在吸收和借鉴中的创新，是在加强和改进大学生德育工作方法不足中实现创新。新时代大学生德育工作方法要在不忘本来、吸收外来，继承与借鉴有机融合的原则上进行创新。

（三）灌输与疏导相协调的原则

在大学生德育工作领域，灌输与疏导是相互影响、相互促进的关系。一方面灌输是疏导的前提，疏导是灌输的目的；另一方面疏导是灌输的基础，灌输是疏导的继续。灌输与疏导相协调的原则是实现新时代大学生德育工作方法创新的重要条件，大学生德育工作方法运用过程中，如果只注重灌输原则而没有适当的疏导原则，就会使教育方法显得生硬僵化；如果一味地聚焦于疏导原则而不坚持灌输原则，就会使教育方法显得漫无目的，没有方向感和目的性。

首先，灌输的实质是德育工作者通过教科书、教学工具等载体，向学生输送科学知识、政治理论、先进思想和道德规范等，具有很强的方向性和目的性，既是一种原理也是一种方法。它并非教育学一般意义上的"填鸭式"教育方式。在大学德育工作教学方法论体系内，它是一种最基本、最普遍、最直接的教学方式。因为任何理念通过相应载体与方法进行传输，首要的任务就是要把它说出来、讲清楚，这是最基本的前提。因此，新时代大学生德育工作方法创新过程中，要始终坚持教育方法体现灌输原则的理念，每一种新方法都要以灌输正确的政治理论、先进思想和科学知识为基本条件，如果没有坚持这一基本条件，那么这些德育工作方法的可行性会大打折扣，甚至在实际教学活动中没有实效性和针对性可言。

其次，疏导是指广开言路，让人们各抒己见，并循循善诱，把人们的思想引导到积极、健康、正确的方向上来。疏导是真正体现德育工作方法艺术性的方针，是大学生德育工作者向学生通过疏通引导，传输正确理论和先进思想，而使学生做出回应并与教育主体形成思想互动的过程，这是一种尊重学生主体地位，体现民主性、人文性的科学方针，是大学生德育工作方法有效实施的润滑剂，对于新时代德育工作方法创新过程的重要性不言而喻，新的德育工作方法如果没有它的协调与整合，很难实现预期的教育目标。所以，新时代大学生德育工作主体创新的方法要体现可行性与实效性，就必须要重视疏导原则的重要作用。

最后，对于大学生德育工作方法来说，灌输原则是基本前提，而疏导原则是润滑剂，对于灌输而言疏导起穿针引线的作用，而对疏导来说灌输起"四梁八柱"的根本作用，灌输有了疏导作指引，才会更好地达到德育工作目标，疏导有了灌输作基础，才会有发挥作用的余地和空间。所以，新时代大学生德育工作方法要创新，就不能脱离这两个重要条件，而这二者之间也是相互影响、相互促进，彼此不能分离的。新时代，创新和完善大学生德育工作方法，如果只体现灌输不体现疏导，或者只体现疏导不体现灌输，都是错误的。

总之，在大学生德育工作者运用创新的德育工作方法和手段对学生进行思想品德教育时，灌输原则与疏导原则要如影随形，要无时无刻地为体现创新方法的科学性与时代性服务，要坚持这二者的有机结合，不断增强和提升新德育工作方法的针对性、实效性和可行性。因此，要创新和完善大学生德育工作新方法，使其适合时代发展要求和大学生思想品形成发展规律，就必须坚持灌输与疏导相协调的基本原则，只有这样新的德育工作方法才会在整个大学生德育工作教学过程中发挥它真正的作用与价值。因此，在新的时代环境、时代内容下，更好地创新和完善大学生德育工作方法，就必须处理好灌输与疏导的辩证关系，把握好二者之间的平衡。在坚持正确政治方向的前提下，要始终坚持灌输与疏导相协调的原则，这是新时代大学生德育工作方法实现创新和完善的重要条件，要一以贯之地发展和保持下去。

（四）与时俱进与以人为本相统一的原则

新时代大学生德育工作教育方法要实现创新，旧必须坚持与时俱进和以人为本相结合的原则，只有将二者有机统一起来，才能指导新时代大学生德育工作方法适时创新，并取得应有的研究成果，才会使新时代大学生德育工作方法论体系拥有生生不息的生机与活力。

首先，与时俱进的原则要求创新要时刻准确把握时代特性，弘扬时代主旋律，要紧跟时代脚步顺势而为。过去的方法对于过去的问题和矛盾具有重要意义，但对现实来说，就难免会产生"心有余而力不足"的尴尬处境，要处理和解决好现实的种种矛盾与问题，就要与时俱进，运用科学合理且体现时代性的方法和手段。新时代新气象，传统大学生德育工作方法跟不上时代节奏和要求的情况越发凸显，同时它在满足学生对于德育工作各种需求的方面依然任重道远。因此，实现新时代大学生德育工作方法的创新与完善，坚持与时俱进的原则势在必行，这是需要果断实施的重大时代课题，不能有任何犹豫，更不能有丝毫迟疑。

其次，以人为本的原则，体现的是民主性、人文性和艺术性，是一种情怀至上的基本原则。在大学生德育工作视野下，以人为本原则体现在第一要满足学生的自然需要，第二要满足学生的自我发展需要，第三要满足学生的精神需要。这一贯穿大学生德育工作各个方面的原则，体现了教师充分尊重学生的主体地位，不把学生看作被动接受教育的客体，而是注重使学生在教学相长的教育教学环境中，体现价值，发挥作用。因此，以人为本原则是新时代大学生德育工作方法创新的又一重要原则。新的大学生德育工作方法是否体现民主性、人文性和科学性，关键在于创新过程中有没有坚持以人为本的原则，创新的结果有没有体现以人为本的情怀。

最后，与时俱进原则对于新时代大学生德育工作方法创新来说是必要条件，而以人为本原则会贯穿教育方法与时俱进创新过程的始终，即在这个过程中与时俱进是前提，而以人为本则是根本和灵魂。如果新时代大学生德育工作方法创新中只知道与时俱进地蹄疾奋进，而忽视了以人为本原则的重要性，那这些创新的方法很难在实际教育教学活动中发挥作用、体现价值，也很难坚持自主性、实效性、可行性；而如果只强调以人为本原则，忽视与时俱进原则的指引作用，那么创新的方法将无法体现时代性、针对性和实效性，这样的方法会过分强调学生的主体地位，使教师失去存在的意义与价值，会使大学生德育工作陷入僵化混乱的境地。因此，这二者之间是辩证统一的关系，一味地强调与时俱进原则或单方面重视以人为本原则，都会使新时代大学生德育工作方法的创新与完善走上错误的轨道，对新时代大学生德育工作教学很难发挥实质性的作用，在实际教育教学活动中也无法满足大学生的各种需求，更不可能使大学生德育工作方法创新活动取得进步。

总之，新时代大学生德育工作方法要实现创新，既要坚持与时俱进的基本原则，也要贯穿执行以人为本的根本理念，要把这二者辩证有机地统一起来，使它们更好地为新时代大学生德育工作方法的创新与完善贡献力量、提供智慧。

二、新时代大学生德育工作方法创新的基本途径

（一）增强高校思想政治理论课实效性

高校思想政治理论课是大学生德育工作的主渠道，是理论教育法的基本手段和重要举措。习近平总书记强调，思想政治教师要回归课堂，用足用好课堂教学这个主渠道。"思想政治理论课要坚持在改进中加强、在创新中提高，要提升思想政治教育亲和力和针对性，满足学生成长发展需求和期待。"[1]唯有将高校德育工作理论课用新用好，不断提升高校德育工作理论课的吸引力和说服力，进而提高大学生德育工作方法的针对性和实效性，最终从根本上解决理论教育法式微的这一问题。

1. 用好德育工作课堂教学主渠道

学生获取知识的途径和渠道有很多，但课堂学习更具基础性和系统性。要想用好思想政治理论课教学主渠道，就必须要做好以下几方面的工作。

首先要强化课堂教学的核心地位，在战略高度上认识到课堂教学的重要作用。通过拓展理想信念教育的深度与广度，积极引导学生深刻领会新思想新战略新论断的深刻内涵，坚定中国特色社会主义道路自信、理论自信、

---

[1]　《十谈》编写组著. 加强和改进新形势下高校思想政治工作十谈 [M]. 北京：人民出版社，2017：88.

制度自信、文化自信；把社会主义核心价值观的培育贯穿教书育人的全过程，引导学生准确把握社会主义核心价值观的深刻内涵和实践要求，促使学生树立正确的世界观、人生观、价值观；使中华优秀传统文化融入课堂教学，不断加强社会主义先进文化教育，使学生彻底明白爱国主义是具体的、现实的，中国特色社会主义是长期坚持、不可动摇的，从而将"如何立德"贯穿于高校思想政治理论课的始终。让学生真正认识世界和中国的发展大势，认识人类社会发展的规律，把握中国特色社会主义前进的必然性。更要使学生具有中华文化底蕴、中国特色社会主义共同理想和国际视野，成为中国特色社会主义合格建设者和可靠接班人，进而使"树什么人"彰显时代价值。最终在德育工作教学过程中，实现"如何立德"与"树什么人"的有机结合，从根本上解决如何用好思想政治理论课这一问题，并使其真正发挥主渠道的作用。

其次要强化授课教师队伍建设。教师要在育人育才的过程中坚持做到教书和育人、言传和身教、潜心问道和关注社会、学术自由和学术规范等方面的有机统一。教师不仅要注意自己在课堂上怎么说，还要注意自己在课堂外怎么做。特别是在是非曲直、义利得失方面，教师要清醒保持学高身正的要求，从而真正做到以身作则、率先垂范来启发学生、引导学生。因此，要围绕课堂教学主渠道来加强思想政治教师队伍的建设，通过推进高校智库建设重点项目，吸引优秀的人才进入马克思主义理论学科和大学生德育工作教学队伍，加大对马克思主义理论领军人才、中青年杰出人才的扶持力度；还可以采取导师制度，选聘教学经验丰富的中老年教师担任青年教师的教学导师，充分发挥传、帮、带作用，真正提升青年思想政治教师的教学能力，并且在教学科研—培养充电—教学科研的交替循环中，使全体思想政治教师的综合能力不断得到提升。

最后要强化授课教材的重要基础作用。必须围绕课堂教学主渠道这个中心，明确教材编写的目标和底线，以提升教材的思想性、科学性、民族性、时代性、系统性为重点。一定要把倡导社会主义核心价值观融入教材编写和使用的全过程，一定要设立关于教材使用和治理要求的清单目录。不断创新和完善教材的学术话语体系，要从直接搬用西方理论方法和名词术语的桎梏中解脱出来，打造更具中国特色和国际视野的学术话语体系，讲好中国故事，传播中国方案，使大学生德育工作更具有说服力和吸引力。要在德育工作学科建设的基础上，立足教材，明确大纲要求，优化教材编撰体例，遵循系统化原则和意识形态教育的价值引导规律，优化知识内容的表现形式，减少文件式语言的出现比例，规范注释及引用，为学生提供知识拓展的必要指引，照顾不同层次学生的理论基础，从而将整体上的"漫灌"和因人而异的"滴灌"结合起来。总之，坚持和加强对以上几方面的探索与实践，用好用活德育工作课堂的要求，发挥其教学主渠道作用的目标一定会实现。

2. 改进德育工作理论课授课方式

新时代的课堂教学不是教师独舞的舞台，也不是不搞变通的一言堂，更不是简简单单的一节课。不仅仅是一次考试，更不是几个学分这么简单。因此，依托新时代背景的新变化、新机遇，大学生德育工作理论课要积极改进授课的方式和手段，以此来增强德育工作理论课的吸引力和亲和力。对于德育工作理论课授课方式的改进，可以从以下几个方面进行。

首先，由因循守旧的单向灌输向灵活多变的双向交流转变。在德育工作教学过程中采用师生双向式互动教学最好的结果就是教学相长，思想政治教师应该多采用启发式教学，多开展课堂双向交流讨论，给学生充分的尊重，使他们在合适的范围内对学习掌握何种知识、发表怎么样的见解，有民主化的自主选择权。教师要适时与学生进行交流，求得心灵沟通，实现彼此理解、彼此信任、彼此合作，努力调动他们学习的积极性和主动性，使他们以主人翁的姿态参与德育工作教学过程，并在此过程中享受乐趣，取得进步。

其次，由封闭型的教育方法向开放型的教育方法转变。新时代大学生德育工作方法就是要解放思想、实事求是，用合时宜、合规律的方法取代传统封闭片面的方法，恰当利用网络视频、录像片段、幻灯片及多媒体资源等现代化教学手段，用直观生动的历史镜头和音像资料，使学生徜徉在开放多元的教学环境中，汲取知识、吸收养分，不断激发他们的学习兴趣，调动他们的学习积极性和主动性，并在这个过程中促使他们树立健全的人格、正确的价值观、良好的道德品质，培养其人文关怀精神，进而增强新时代大学生德育工作的可接受性。

最后，由冷漠说教向情感沟通转变。现在的大学生大多是独生子女，他们渴望被理解，渴望与人沟通，这就要求大学生德育工作者要适时地对他们进行心理疏导，听他们倾诉，给他们提供理性、合理的建议和意见，帮助他们解决生活上、情感上、学习上遇到的各种问题与困难。在相互沟通、相互交流、相互学习的过程中，师生双方互相架起信任的桥梁，能够真正实现教师与学生"亦师亦友"的美好愿景。

从这三方面入手，努力改进大学生德育工作课的授课方式和手段，将从根本上解除学生对思想政治理论课的厌烦情绪，最终在这一科学合理的教学过程中提升德育工作理论课的吸引力和感染力。

3. 使各类课程与思想政治理论课同向同行

在新的历史条件下，高校广大德育工作者必须清醒地认识到课堂教学主渠道不仅仅包含思想政治理论课教学，各门课程的课堂教学都是这个主渠道的重要组成部分。当前大学生德育工作教学的总体特征表明，除了思想政治理论课教学之外，其他所有在中国特色社会主义实践范围内的课堂教学都有德育工作功能，并且都能发挥提升大学生思想水平、政治觉悟、道德品质、文化素养的教育功能。因此，决不能把针对大学生群体的德育工作只看作是传统意义上所理解的思想政治理论课单方面的事，而是相关各门课程都要守好一段渠、种好责任田，要深刻认识到这些课程所担负的教学使命跟思想政治理论课是一样的。大学生德育工作主体必须把做人做事的原则与基本道理、社会主义核心价值观的精神内涵及内在要求、实现中华民族伟大复兴的崇高理想和伟大担当贯穿到各类课程实际教学中。

而对于各类课程教学中的重点、难点问题，要结合学生自身在学习中、生活中遇到的理论难点、社会热点、思想疑点问题，进行问题导入式、专题化、研究型教学。通过问题导入式教学，将大学生遇到的现实问题导入问题背后的理论思考，达到浅入深出的教学效果，提升他们的理论思维能力、是非判别能力；通过课程内容预习方式，提前将教学重点、难点以案例分析或历史追溯等形式推送给学生，引导他们提前进行相关内容的梳理和思考，并在课堂上进行学生之间的分享，师生之间的互动，在交流沟通分享互动的过程中达成共识、得到启发、收获知识，从而在实际生活中运用学习到的知识、方法、共识等来解决现实问题；通过专题化教学，将教学重点、难点，与学生在学习中、生活中、情感中遇到的各种问题结合起来，努力寻求内容之间的交集，体现专题化教学灵活性、深刻性的特点，找到解决问题切实可行的举措与办法，进而使各类课程在大学生德育工作过程中发挥应有的作用，并在这个过程中提高自身针对性和实效性，最终实现各类课程与思想政治理论课同向同行，形成协同效应。

（二）大力营造和谐校园文化氛围

1. 使校园文化与主流价值融合

和谐的校园文化氛围是高校立德树人，进行思想品德教育的基础，它能够对大学生的思想观念、道德认知、价值取向、生活态度、学习态度、精神生活与行为方式产生潜移默化的积极影响，这种渗透式的隐性德育工作方法，往往在春风化雨、润物无声中实现对大学生的价值塑造和道德提升，它的熏陶感染作用是其他教育教学和管理服务工作无法取代的。

校园文化一般可以分为物质文化、制度文化和精神文化三类，其中精神文化是校园文化的核心与灵魂，物质文化是校园文化的基础与条件，制度文化是精神文化和物质文化的中介。校园文化是培育和践行社会主义核心价值观的重要载体和实现路径，而培育和弘扬社会主义核心价值观是贯穿高校校园文化建设始终的一根红线。因此，应该围绕立德树人这一中心环节，将大学生思想品德教育与中华优秀传统文化里积淀的文化精髓、革命文化中流淌的红色基因、社会主义先进文化中传播的核心价值观实现有机融合。将针对大学生的主流价值教育融入并渗透到体现中国特色社会主义特征、时代特点、学校特色的校园文化建设中，全面提升隐性德育工作方法的实效性和针对性，努力拓展隐性德育工作方法运用的空间领域。通过加强校风建设，优化校园精神文化、物质文化、制度文化，积极营造良好育人育才环境；提高大学生的人文素质和科学素质，把中华优秀传统文化、革命文化、社会主义先进文化等主流价值教育内容巧妙地渗透到大学生德育工作的全过程，渗透到丰富多彩的学术、科技、体育、艺术、志愿服务和校园文娱活动中，不断满足大学生日益增长的精神文化需求、自我发展需求，真正实现全程育人、全方位育人；加强高校校园网、广播、电视、展板、板报、学报、论坛等宣传文化阵地的建设与管理，大力弘扬主旋律，传播正能量，提振精气神。

校园文化建设与社会主流价值的有机融合，是营造和谐校园文化氛围，打造健康育人环境的重要条件，唯有促进这一条件的良好发展，隐性德育工作方法的运用范围才会更加广阔，才会有良好的发展前景，才会在新时代大学生德育工作方法体系中占有一席之地，从而更好地发挥育人育才的重要功能，为中国特色社会主义建设贡献智慧和力量。

2. 运用多种载体实现文化育人

营造和谐健康有序的校园文化及育人环境，离不开多种育人载体和介质的助推作用。因此，高校德育工作主体要挖掘和运用丰富多样的育人载体，实现文化育人，使隐性德育工作方法的育人功能得到进一步加强。

首先，通过文化符号的具象表达，加强校园文化的认知与认同。挖掘校徽校旗、校训校歌的文化内涵，积极宣传校徽校旗、校训校歌的文化故事，进一步加大校徽校旗、校训校歌的使用。可以通过校训墙、书法、演讲等方式来传播校训的文化内涵，通过拍摄校歌MV、举办新生合唱比赛等文娱活动促进对校歌的认知和传唱，提升广大师生对学校的认同感和归属感。打造与学校文化相关的文化衍生品，加强多方合作，推出有专属文化符号的校园纪念品。丰富学校文化的传播载体，并在这一能动的、渗透式的教学过程中实现大学生的全面发展。

其次，深入挖掘文化活动的内涵，打造经典校园文化品牌。邀请知名学者、杰出校友、社会名流等登上学校讲台，强化学术讲座春风化雨式的育人效应，全面打造学校学术讲座品牌，提高学术讲座的知名度和影响力。同时，规范升旗仪式、开学典礼、毕业典礼、颁奖仪式等的程序及基本礼仪，发挥以史育人、仪式育人功能，传播主流价值理念，增强师生对学校文化的认同感。

最后，融入环境文化建设，使文化育人"润物细无声"。将学校文化元素融入校园环境建设的方方面面，既能更好地传承一所学校的历史建筑风格、校情风貌，更能通过这种"润物细无声"的育人方式，传递学校的历史文化积淀和校园文化品位，实现以环境化人、以文育人的效果。学校通过加强文化场馆建设及其基本内涵挖掘，让校园里的历史建筑，比如博物馆、展览馆、礼堂、图书馆、自习室等成为文化育人的重要阵地。此外，打造线上线下的校园阅读泛空间，定期推出书展和世界读书日主题阅读月活动，大力扶持图书室、图书角等阅读场所建设，形成独具特色的书香生态系统。同时，依托校园的自然环境进行自然文化景观规划建设，着力打造"文化景观亭、纪念碑、石刻、文化故事墙、休息椅凳等文化设施，将校园文化融入自然景观之中，于潜移默化之中起到文化育人的效果"。①

3. 以人为本为前提的以文化人

高校育人环境下的以人为本，就是以学生为本，要充分发挥学生的主体性，满足学生的自我发展需要、自然需要和精神需要，必须围绕学生、关照学生、服务学生，使他们从以往教学过程中扮演被动接受的角色中解放出来。而以学生为本的以文化人，就是在校园文化、育人环境建设过程中，给予学生充分的理解和尊重，使他们在和谐健康有序的教育环境中，感受人文关怀，体验主人翁地位，真正从以往被动接受教育的牢笼中解脱出来，在轻松、舒缓的环境中，实现自我认知、自我教育，并最终全面提升自身思想水平、政治觉悟、道德品质和人文素养。因层次不同、认知水平不同、天赋秉性不同，学生之间存在个体差异性。所以，在以文化人、以文育人的渗透式教育过程中，也要充分尊重学生的个体差异性，要因事而化、因时而进、因势而新地运用因材施教的教学方法，让每一个学生在学习、生活、情感上都有好的归宿，使他们在学校也同样感受温暖、感受关怀，并在此基础上，鼓励学生发挥自身特长积极参加各种教学及校园文娱活动，进而增强他们的主人翁意识。以饱学之师、浩然之气让学生感悟校园文化，引导学生崇尚科学、追求真理，在校园文化的熏陶下坚定理想信念。

在新生开学典礼、入学教育中增加校史校情教育板块，使学生迅速融入校园文化、校园环境中，强化他们入校后的荣誉感、认同感和归属感。也可以通过开设校史校情选修课，建立完善的文化标识体系，提升学生对学校历史、学校文化、学校成绩的理解与认识，激发他们的爱校热情。加强对学生的理想信念教育、责任担当意识培育及爱国主义情怀培养，帮助他们构建起正确的世界观、人生观、价值观，在社会实践、志愿服务、择业就业等环节中实现自我认知、自我教育、自我提升，并培养志存高远、

---

① 《十谈》编写组. 加强和改进新形势下高校思想政治工作十谈 [M]. 北京：人民出版社，2017：149.

服务国家、奉献社会的高尚情怀，使他们的主体性得到充分发挥，学以致用，服务社会、报效祖国，将个人价值的实现与国家期望、社会需要实现有机结合。

（三）利用网络多媒体开辟新阵地

根据第 47 次《中国互联网络发展状况统计报告》提供的数据来看，截至 2020 年 12 月，中国的网民规模已经达到了 9.89 亿，青年学生占比 19.8%，网络已经逐渐渗透到大学生生活、学习的各个领域，大学生的生活方式和思想观念都受网络的影响发生了巨大的变化。习近平总书记多次指出："要运用新媒体技术使工作活起来，推动思想政治工作传统优势同信息技术高度融合，增强时代感和吸引力。"[1] 这一高屋建瓴的新思想新理念，为新时代大学生德育工作传统方法与以网络教育法为代表的现代方法实现有机融合，提出了新要求新挑战。因此，要把握和研究新媒体特点，依托大学生德育工作传统方法，不断开辟网络教育法新阵地，不断创新教育理念、内容、载体、话语等，利用好、发挥好互联网新媒体技术的优势，使传统方法与网络教育法形成互补效应，在实际教学过程中真正实现二者的有机结合。

1. 新时代大学生网络德育工作传播方法的运用

所谓大学生网络德育工作传播方法，是指由教育传播主体、受传者以及传播信息三个基本要素构成，也就是传播主体（教师）通过一定的载体将传播信息（网络德育工作信息）传递给受传者（大学生），受传者（大学生）接收信息并做出信息反馈的方法。

（1）大学生网络德育工作信息传播方法的具体形式

新时代的大学生网络德育工作传播方法形式多样，按照德育工作信息所依附的网络载体可以分为以下几种具体形式。

①以德育工作主题网站为主的传播法

2004 年中共中央、国务院印发《关于进一步加强和改进大学生思想政治教育的意见》，明确指出："要全面加强校园网的建设，使网络成为弘

---

[1] 习近平在全国高校思想政治工作会议上强调：把思想政治工作贯穿教育教学全过程 开创我国高等教育事业发展新局面 [N]. 人民日报，2016-12-09.

扬主旋律、开展德育工作的重要手段。"①所谓的德育工作主题网站，是指以有效地开展德育工作活动为目的，以网络信息技术为可靠的技术支撑，以大学生群体为网络的主要受众对象，以主题学习、课余娱乐、交流互动为主要功能，集文字、声音、视频于一体的德育工作信息传播的网络阵地。可见，传递德育工作的有效信息是这类主题网站的根本出发点，区别于其他商业类、科技类等专业性较强的网站，德育工作主题网站始终坚持传播与马克思列宁主义、毛泽东思想和中国特色社会主义理论体系相关的德育工作内容，其根本目的是通过图像、声音、动画和视频等形式，在潜移默化中提升大学生的思想认识，规范大学生的行为。以德育工作主题网站为主的传播方法能够有效地联结作为教育对象的大学生，教师可以根据德育工作的目标和任务，有选择地设置网站栏目，发布教育内容，同时学生能根据自身思想需求和兴趣爱好自主浏览主题网站上的内容，从而使教育主客体双方在平等、开放的氛围中教学相长。

②以慕课为主的传播法

相对于传统课堂来讲，慕课（MOOC）显然是"互联网＋教育"所带来的时代新兴产物，所谓的慕课（MOOC），直译过来就是"大规模的开放在线课程"，它拥有海量的课程，涵盖自然科学和人文社科，能够为大学生提供不同门类的学习课程；它是开放的，也就是说不管是什么地区、什么学校的学生都能进行课程学习，对大学生群体一视同仁；它又是在线的，也就意味着大学生群体可以随时随地进行课程学习，弹性选择课程学习时间。可见，以网络慕课为主的传播方法，突破了传统的线下教育模式，支持多人同时在线进行网络学习，打破了时间和空间的限制，这一传播方法具有独特的优势，弥补了线下教育的不足，促进了线上、线下教育的有机结合。可见在德育工作领域，思想政治理论课的网络课程是以慕课为主的传播方法的主要内容，大学生能够通过慕课平台，自行查找、订阅自己所喜欢和所需要的网络课程，通过在线学习，不仅可以对线下的所学内容进行查漏补缺，同时也可以了解、掌握更多德育工作的内容信息。以慕课为主的传播方法拓宽了大学生的学习渠道，使大学生能够弹性地选择学习课

---

① 关于进一步加强和改进大学生思想政治教育的意见 [N]. 人民日报. 2004-10-15.

程的时间和地点，合理安排学习时间，提高大学生的学习自主性和积极性。

③以短视频为主的传播法

近年来，随着互联网技术的飞速发展，一大批新兴媒体不断出现，为了促进德育工作与时俱进、不断创新发展，要推动新媒体、新技术与思想政治工作的有机结合。互联网的出现促进了信息的交换传递，而移动互联的诞生更是加速了信息传播，传播技术的不断革新与成熟，将信息的传播方式由文字方式转向了短视频形式。所谓短视频为主的传播方法指的就是突破文本形式，高频推送视频内容，内容时长通常在五分钟之内，其传播的主题多种多样，涵盖了社会热点事件报道与分析、个人生活记录分享及教育教学内容分享。短视频为主的传播方法区别于长视频制作，无需有精良的制作，其制作时间短、参与门槛低，具有时效性，能够对社会热点进行及时反馈，同时又与文本传播方法不同，短视频集画面、声音于一体，能够让受传播者更为直接地接受传播内容与信息，传播效果更加直接简单。可见，以短视频为主的传播方法能够将网络德育工作信息通过视频的形式加以转换，从而增加网络德育工作的吸引力。同时，以短视频为主的传播方法符合大学生的用网习惯，随着生活节奏的不断加快，人们包括大学生在内都希望在最短的时间内获取最大的信息量，短视频为主的传播方法恰好能够满足这一需求，通过视频的处理方式，让原本较为生硬的网络德育工作内容变得更容易传播与接收。因此，以短视频为主的传播方法传播德育工作信息，能够帮助大学生在有限的时间内接收网络德育工作信息，提高德育工作素养。

（2）大学生网络德育工作信息传播方法的运用要求

新时代大学生网络德育工作信息传播方法与原有的信息传播方法相比，在传播速度与辐射范围上实现了质的飞跃，在实践过程中能够实现将更多网络德育工作信息更快地传播给大学生。但是在运用这一方法时，还要注意以下几个方面的问题。

①传播时机精准把握

新时代大学生网络德育工作传播方法运用的关键，就是要在正确的时间传播合适的网络德育工作内容，坚持针对性原则，对互联网环境、大学生、教育目标和教育内容等相关内容都要进行了解，在分析、处理的基础上寻

166

找传播方法运用的最佳时机。所谓精准把握，是指在运用这一传播方法时并不是广撒网、毫无重点地传播，而是要对症下药，在每一个重要时间节点、突发事件发生时，能够把握时机，进行这一方法的运用。在这一方法的运用过程中，有针对性地对传播时机进行把握，将时机与内容巧妙地结合，在一定程度上有利于增强内容的吸引力，大学生也能更为直观、更为具象地接受这一方法所传播的内容，从而实现内容的入脑入心，使其达到事半功倍的教育效果。例如，在中华人民共和国成立七十周年这一重要的时间节点，通过大学生网络德育工作传播方法推送爱国主义教育内容，让作为受众的大学生，在通过网络了解爱国主义理论知识的同时，得到现实环境的熏陶，使爱国主义教育生动化、生活化，由此达到事半功倍的效果。若是不能精准把握传播时机，就会错失传播网络德育工作内容的最佳时期，自然会影响网络德育工作效果最大化的实现。

②传播内容真实可靠

新时代大学生网络德育工作传播方法，通过各种形式将德育工作内容传播给大学生，能够有效运用传播方法的前提是要确保传播内容的真实可靠。也就是说大学生网络德育工作方法所传播的内容并不是随意选取的，而是要选择符合社会主义发展方向，符合社会主义核心价值观的内容。互联网络高速发展，各种网络信息鱼龙混杂、参差不齐，因此面对这一问题，在网络世界中，明辨是非，挑选真实可靠的网络德育工作内容显得尤为重要。要确保传播的内容真实可靠，首先要确保传播内容的来源真实可靠，可以通过大数据技术在最权威、最真实的平台进行内容的获取，以此来确保传播内容的权威性、可靠性；其次要确保传播内容符合中国特色社会主义发展方向，这一方法所承载的网络德育工作内容是为了有效地提升大学生的网络道德素养，使大学生在网络世界的言行举止符合社会主义接班人和时代新人的发展要求，因此所传播的网络德育工作内容就必须符合时代发展的要求，跟随中国特色社会主义发展的前进方向，其内容必须以马克思列宁主义、毛泽东思想和中国特色社会主义理论体系为指导思想。若是无法确保网络德育工作传播内容的真实可靠，则会与网络德育工作的目标背道而驰，无法实现网络德育工作的任务，其后果不堪设想。

③传播效果深入有效

新时代大学生网络德育工作方法的运用，其最终的目的是要让网络德育工作传播的内容进入大学生的头脑，深入大学生的内心，从而指导大学生的日常行为。所谓传播效果深入有效，指的就是传播内容对大学生的行为产生了正面影响，也就是说大学生在接收信息后，在知、情、意、信、行各个方面会发生正向变化，对大学生产生积极的指导作用，能够让大学生在生活和学习中有意识地约束自我行为，以德育工作传播的内容为行动指南。大学生网络德育工作传播方法的运用其传播效果并不是点到为止，而是这一内容能够产生深远的影响，在运用过程中，为了达到更好的效果，就需要借助大量的图像、视频、音频等形式，实现网络德育工作内容可视化。同时，也要进行内容的横向和纵向对比，在对比中加深和拓宽对网络德育工作内容的认识。如果传播效果未能达到深入有效，就会造成对网络德育工作内容了解不够透彻的问题，进而引发思想观念和行为上的偏差。因此，新时代大学生网络德育工作方法运用的过程中还需要注意传播效果的深入有效。

2. 新时代大学生网络德育工作沟通法的运用

德育工作活动从来不是单向单线的活动，而是教师与学生双向互动的活动。当然，在新时代背景下的大学生网络德育工作也不例外。在互动过程中，必不可少的是沟通环节，因此在教师与大学生的沟通中，需要推动大学生网络德育工作沟通法的有效运用。所谓大学生网络德育工作沟通法，是指网络德育工作者与学生在互联网中互动交流的方法。沟通就是建立在双方交互的基础之上，促进双方交流意见，从而相互理解。由此大学生网络德育工作沟通法就是教师与大学生之间，基于互联网媒介，进一步实现信息、思想与情感互动交流的方法。这一方法强调的是教师与大学生之间信息、情感和思想交流的互通有无，要借助互联网信息技术，发挥教师的主观能动性，与大学生建立良好的情感关系，运用有效的沟通方法，从而实现大学生网络德育工作的目标。

（1）大学生网络德育工作沟通法的具体形式

在新时代背景下，大学生网络德育工作沟通方法的具体形式是多种多样的，按照不同的划分标准可将其分为不同的类型。按照其载体可以分为：

以 QQ、微信等为主的即时通信沟通法，以论坛、微博、博客等为主的广场式沟通法，以及以 E-mail 为主的延时性通信沟通法等。按照其对象可以分为个别沟通法、团队沟通法等。按照其形式可以分为以下几种方法。

①以谈心交流为主的大学生网络沟通法

以谈心交流为主的沟通方法是大学生网络德育工作沟通方法的一大基本方法，这一方法能够扭转教师向大学生单方面施加教育影响、单向灌输的局面，使教师体与大学生不再是施加影响与被施加影响的关系，促进教师与大学生在平等的条件下进行双向交流。这一方法的核心要义就是要在师生之间形成互相尊重、相互理解的氛围，在平等的地位和条件下进行诚挚的交流互动，它着重强调的是实现教师与大学生之间的深切交流，从而实现情感共融、视界融合。因此，这一方法，也是大学生网络德育工作沟通法中运用频率较高的一种方法。

与传统的谈心交流沟通方法相比，在互联网中，教师要与大学生进行谈心交流可以借助 QQ、微信等即时沟通工具。一方面教师与大学生不用"面对面"，能够减少大学生沟通的心理负担，使其在较为轻松的环境下与教师进行谈心交流，这样有助于大学生敞开心扉，从而大大地提高谈心交流的成效；另一方面在网络的虚拟平台中，教师也更容易采取生活化的语言与大学生进行谈心交流，使大学生网络德育工作内容更浅显易懂，加深彼此的理解。因此，以谈心交流为主的大学生网络德育工作沟通法能够让教师与大学生双方更加开诚布公地抒发个人的见解，通过谈心交流实现双方的知识碰撞和情感交流，促使教师与大学生双方共同成长，实现大学生网络德育工作沟通的目的。

②以积极倾听为主的大学生网络沟通法

以积极倾听为主的沟通法是大学生网络德育工作沟通法的有效方法。积极倾听是有效沟通的前提和基础，这里的积极倾听更多指的是教师对大学生思想困惑的积极倾听。与以谈心交流为主的大学生网络德育工作沟通法相比，以积极倾听为主的大学生网络德育工作沟通法更侧重于倾听环节，为大学生提供情绪宣泄的平台。互联网具有隐蔽性和匿名性的特点，教师和大学生更能够表达自己的真实想法。教师在倾听过程中不再是教育者，而扮演的是大学生思想困惑的倾听者，这样无形之中就拉近了教师与大学生之间的距离，但是其教育者的作用并未改变，在倾听过程中仍需有的放矢地提出解决办法。运用以积极倾听为主的大学生网络德育工作沟通法，还需注意在听的过程中，要及时对大学生传递的思想信息做出积极反馈，比如通过适合的表情包、颜文字等，一方面能够让大学生感受到鼓励和肯定，使氛围较为轻松愉悦，另一方面也能够保证沟通的顺利进行。积极倾听的沟通法一方面能够让大学生的思想困惑找到可以表达的地方，实现自我教育；另一方面也能够缩短教师与大学生之间的情感距离，使教师更容易了解大学生的真实思想动态，从而产生理想的网络德育工作沟通效果。

③以心理咨询为主的大学生网络沟通法

以心理咨询为主的沟通法是大学生网络德育工作沟通法的特殊方法。该方法是指教师针对大学生所遇到或存在的心理障碍或疾病，根据心理学及相关的理论知识，秉持心理学的相关原则，运用互联网媒介与大学生进行沟通的方法。与前两种方法相比，这一方法更具专业性，对教师有更高的要求。随着网络的普及，网络心理咨询沟通方法走进了网络德育工作领域。网络心理咨询沟通法能够保证大学生的隐私不受侵犯，有极强的保密性，需要进行心理咨询沟通的大学生大多较为敏感脆弱，不愿意向他人暴露自己的问题，因此他们更为注重自身隐私的保护。运用这一方法就能良好地解决这一问题，通过网络心理咨询，大学生和教师不用进行面对面的交流咨询，有效地减缓了交流的尴尬与压力，使大学生在一个让自己较为放松和舒适的状态下进行心理咨询，从而更好地接受心理咨询，向教师敞开心扉，直面自己的心理问题，促使教师全面地掌握大学生真实的心理状况。此外，网络心理咨询沟通法跨越了时间和空间的限制，双方可以进行更深入的思考和交流。教师通过运用网络心理咨询沟通法，详细了解大学生的心理情况，然后有针对性地提出建议，鼓励大学生进行自我调整，用积极向上的心态克服心理障碍，更好地适应复杂多变的环境，保持身心健康。运用心理咨询为主的大学生网络德育工作沟通法一方面是为了对出现心理障碍或问题的大学生提供正确的引导和帮助，另一方面也是为了更好地了解和监测大学生的心理状况，及时防微杜渐。

（2）大学生网络德育工作沟通法的运用要求

大学生网络德育工作沟通法是为了拉近教师与大学生之间的情感距离，

170

增进双方的感情，从而更好地实现网络德育工作的效果。因此，在对其进行运用时，应该对运用的各个要素进行要求，要建立共生共在的沟通关系，营造良好和谐的网络沟通环境，选择恰当的沟通内容，以便于更好地服务于网络德育工作实践活动。

①建立共生共在的沟通关系

建立共生共在的主体间性的关系是该沟通方法重要的运用要求之一。人是关系性的存在，沟通也是建立在双方互动关系之上的，教师与大学生之间的关系是沟通活动中最基本的关系。所谓的共生共在的沟通关系，就是指教师与大学生是对立统一的关系，双方的存在互相以对方的存在为前提，双方是共同产生、共同存在的。教师与大学生之间的关系不再是之前所理解的主客体关系，即教师天然是教育活动的主体，大学生是天然教育活动的客体，有着鲜明的主客体的地位之分，这种理解固化了教师与大学生在沟通关系中的地位，异化了二者关系的实质。在大学生网络德育工作沟通活动中，一方面，作为网络德育工作沟通活动组织者和设计者的教师，需要了解大学生的思想状况，调动组织沟通资源，选择恰当的沟通方式，激发大学生参与沟通的主动性和积极性。同时，教师还需要根据大学生反馈的信息，了解沟通中存在的偏差，及时对沟通内容、沟通方法进行纠正，推动网络德育工作沟通活动成功实现预期教学效果，产生深远持久的教学影响。另一方面，大学生在整个沟通活动中并不是被动接收者，而是作为独立的个体，拥有独立的主体意识，能够从自身出发，激发自身的沟通需要，能够自主选择沟通中所传递的网络德育工作信息，对信息进行选择、接收和改进。与此同时，大学生也能发挥主观能动性，在沟通过程中探索双方沟通的新思路、新形式，实现自我教育。因此，在运用大学生网络德育工作沟通法时，要促使教师与大学生建立共生共在的沟通关系，二者都是沟通活动中的主体，需要发挥二者的主体性。从教师主体出发，能够更积极能动地开展大学生网络德育工作沟通活动；从大学生主体出发，能够减少沟通阻碍，使得沟通更加畅通。

②营造良好和谐的网络沟通环境

营造良好和谐的网络沟通环境是该沟通方法运用的必要求。网络沟通环境是开展网络教育活动的场所，也是网络沟通过程和沟通结果的承载地，网络沟通环境是否良好和谐，直接关系到教育活动是否能够顺利开展，是否能够取得预期的教学效果。良好和谐的网络沟通环境对沟通双方的情绪有着积极影响，有利于营造良好的沟通氛围，从而增强沟通效果。反之，如果没有良好和谐的网络沟通环境，就会对沟通双方的情绪有着消极影响，从而使沟通效果大打折扣。因为网络环境具有强大的包容性和无比的开放性的特点，各种参差不齐的思想观念、各种社会思潮在网络上交织碰撞，然后传播和流行，大学生的思想行为不可避免地会受到潜移默化的影响。要想营造良好和谐的网络沟通环境，就必须积极主动弘扬符合社会主义核心价值观的正面信息，使大学生增强自身的辨别能力，自觉抵制各种负面信息的侵蚀。

③选择恰当的沟通内容

选择恰当的沟通内容是该沟通方法最重要的运用要求。这里的沟通内容主要是指教师和学生所沟通的理论知识、思想观念、情感共鸣等。运用该方法是要让大学生在沟通过程中理解和接受沟通内容，拉近大学生与教师之间的距离，由此构建良好的师生关系。因此，沟通内容必须言之有物，对大学生的思想行为有一定的影响。那何为"恰当的沟通内容"呢？首先，沟通内容要有明确的目的性，大学生网络德育工作沟通的主要任务就是解决大学生的思想疑惑，纠正大学生出现的行为偏差，使大学生的思想道德素养符合社会或国家所提出的要求，努力成为怀揣远大理想、掌握必备本领、有干劲肯做事的新时代大学生。因此，在沟通过程中也要将这一任务一以贯之，要设身处地地考虑大学生的需求，设计大学生个体所需要的沟通内容。其次，沟通内容要确保正确性，教师作为网络德育工作沟通活动的组织者和设计者，肩负着选择并筛选沟通内容的重担，沟通内容需符合国家和社会的要求，这样才能真正实现沟通的目的，达到沟通的理想效果。最后，沟通内容要有贴合性，也就是说沟通内容要贴合大学生的生活实际，要与大学生的实际需求相吻合，沟通内容并不是随意捡来的，而是教师通过实际观察、认真考量而选择的，只有这样才能对症下药，有针对性地解决大学生的思想行为问题。沟通内容既要契合大学生当前的思想品德水平，同时也要留足发展的空间，促使大学生思想道德素养不断提高。

3. 新时代大学生网络德育工作舆情引导方法的运用

互联网技术发展日新月异，网络空间日益成为形成和散播社会舆情的重要场域，同时也是大学生德育工作的主要阵地。大学生正处于思想活跃、急切想要发声的成长阶段，但又因自身经历不足，心理尚未完全发展成熟，极容易受外界信息的干扰，从而引发网络舆情突发事件。由此，对网络舆情的有效引导显得愈发重要，网络舆情引导也是大学生网络德育工作内容的重要组成部分，运用这一舆情引导方法有利于提升网络舆情的研判能力。

理解和掌握网络舆情的含义是把握该舆情引导方法的前提和基础。网络舆情就是网络空间中所形成的舆论情况，也就是在网络空间中，网络受众对社会生活中某些热点事件、焦点问题，通过网络载体发表观点、态度、表达情绪、意见的集合。它所围绕的核心是热点事件，其实质是网络受众观点、态度、情绪的集合。网络舆情是实时变化的，影响着网络受众，因此就要对其加以引导。网络舆情的引导主体一般是国家、政党及一些权威机构，其引导过程是引导主体通过多方收集和整理舆情信息，对信息加以分析、加工，然后按照预期的引导目标，采取有效的方法和策略，最终达到网络受众了解事实真相，破除虚假和非法言论，安抚广大受众情绪的效果。而这里的网络舆情引导就是专指在互联网平台中，针对网络舆情事件，利用互联网手段对舆情加以引导。由此可见，大学生网络德育工作舆情引导方法就是指根据大学生网络舆情引导目标，通过互联网平台，采取互联网手段对大学生在互联网上所发表的言论、表达的态度意见和情绪进行干预，所形成的方法。

（1）大学生网络德育工作舆情引导方法的具体形式

大学生网络舆情引导，其最终目的是将积极向上的舆情思想加以发展，将消极错误的思想加以纠正和剔除。大学生网络德育工作舆情引导法按照网络舆情的性质可以分为以下几种形式。

①以因势引导为主的大学生网络舆情引导法

所谓以因势引导为主的大学生网络舆情引导法，是指依据网络舆情发展的大致态势或趋势的变化方向进行引导。其引导的目的是扩大和丰富舆情议题的相关信息量，通过庞大信息量的输出，促使大学生对舆情议题进行深入和细致的了解，从而广泛聚集和有意突出有利于网络舆情发展的意见和观点，由此引导网络舆情进一步向前发展。可见，这一因势引导法以增加对某一舆情议题的相关信息量，提高舆情议题的显著度为出发点，其核心是增强议题受众也就是大学生对舆情议题的了解和掌握程度，旨在通过延长舆情稳定的时间，从而实现引导舆情态势向好发展的目标。简单地说，因势引导法就是指在网络舆情发展的过程中，对于有利于社会主义发展的正向的网络舆情，要积极宣传、大力弘扬，为已有基础的网络舆情锦上添花。有效运用因势引导法的前提是要对网络舆情进行科学的研判，对有利于大学生网络德育工作的网络舆情要积极诱发，对于难以把握的网络舆情要沉着冷静、静观其变，而对于与大学生网络德育工作目标、任务背道而驰的网络舆情，要积极纠错、逐步消除。在运用因势引导方法的过程中，要采取大学生较为熟悉且普遍接受的形式，比如借助微信公众号进行人物事迹的典型宣传，借助短视频平台对热点事件进行解说传播，等等，以此来扩大舆情议题的影响，通过这些形式扩大网络舆情的范围，从而实现对网络舆情的正确引导。

②以逆势引导为主的大学生网络舆情引导法

所谓以逆势引导为主的大学生网络思舆情引导法，就是指按照舆情发展的态势和趋势相反的方向进行引导的方法。可见，这一逆势引导法是以缩小舆情议题的相关信息量，有效控制和降低舆情议题的显著度为出发点，旨在通过删除网络舆情的相关信息量，减少网络舆情的持续时间，使网络舆情朝着相反的方向发展。逆势引导法的有效运用可以从两方面入手，一方面是要从源头开始有效控制或阻止网络舆情的继续发展和蔓延。例如，可以通过利用相关网络信息过滤技术对一些潜在的或已经出现的负面网络信息进行筛选，从而实现删除、封锁和堵截网络舆情负面信息，从网络舆情信息源头上减少负面信息的出现，从而降低负面信息对大学生受众的影响。另一方面则是要开辟新径，提高与当前舆情相反方向信息的讨论热度，增加相反方向的相关信息量，促使网络舆情朝着相反的方向发展。只有这样，负面消息的生存空间才会被正面网络舆情信息所占领，负面消息的生存空间才会越来越少直至消失，从而实现大学生网络舆情的正确引导。

③以造势引导为主的大学生网络舆情引导法

所谓以造势引导为主的大学生网络舆情引导法，指的就是在网络舆情形成的过程中，有目的、有意识地加以引导。要合理且科学地设置舆情议题，让网络受众也就是大学生能够积极参与其中，能够对这一舆情议题产生关注和讨论的兴趣，对这一议题有话可说；舆情议题设置完成后，要安排相关专门人员有意识地加入议题的讨论，其主要任务是动员广大大学生加入舆情议题讨论的活动，激发广大大学生对这一议题的表达欲，从而增强舆情议题讨论的热度，使之形成网络舆论，继而发展成一种积极向上的网络舆情。可见，这一方法有效运用的根本保障是"造势"，也就是要通过设置议题的形式，积极营造出有利于开展网络德育工作活动的舆论氛围，发挥舆论的正向效应，减少甚至消除其负面影响，在健康、积极的舆情空间中对大学生进行合理的疏通和引导。造势引导法的有效运用就是要扩大舆情正面效应的影响力，从科学设置议题入手，引导大学生的认知、态度和行为产生积极的变化，防止大学生对不良信息的偏听偏信，减少有害信息的形成和传播，逐步形成明朗风清的网络舆情空间。

（2）大学生网络德育工作舆情引导方法的运用要求

网络舆情引导方法事关整个网络德育工作的顺利开展，事关文明健康的网络环境的营造，旨在努力营造明朗风清的网络舆情环境。因此，在对其进行运用时，要注意以下几个方面。

①网络"意见领袖"有效引领

美国社会学家拉扎斯菲尔德（Paul F. Lazarsfeld）在《人民的选择》中首次提出"意见领袖"一词，即指在人际交往传播过程中，经常提供信息给别人并且对他人施加一定影响的活跃分子。在大学生网络舆情中主要指的是在校园网络空间中，关注热点问题，并对问题分析透彻深刻，持有自己独特观点，并能将观点清晰表达的网民。他们的言论和观点具有一定的影响力、感染力，在一定程度上能左右大学生受众的判断，最终影响大学生网络舆情的方向。因此，大学生舆情引导方法的运用要求就是要培养和运用"意见领袖"，在"意见领袖"的引领作用下，大学生受众的思想、观点容易受到其影响和感染。"意见领袖"对热点问题发表正向观点，在互动交流中影响和感染大学生群体，能够做到对大学生网络舆情的有效引导。从本质上来讲，"意见领袖"也是网络受众的一员，作为整体的一部分，"意见领袖"往往能够更了解和掌握大学生受众的真实想法，能够从大学生的角度出发，设身处地地用大学生所易于接受的方式进行引导，这样的网络舆情引导法能够花最小的力气，实现最佳的效果。相反，"意见领袖"发表的言论如果不够客观公正，也会直接导致网络舆情的发展方向偏离实际情况，达不到预期效果，不但不能发挥其引领作用，还会影响大学生网络舆情的发展，因此，要重点培养"意见领袖"，提升"意见领袖"的研判能力和表达能力，使其时刻注意自己的身份和使命，从而更好地运用舆情引导法，实现对大学生网络舆情的正向引领。

②网络"把关人"作用充分发挥

库尔特·卢因（Kurt Lewin）最早提出"把关人"的概念，他指出："信息总是沿着包含有某些门区的某些渠道流动，在那里，或是根据公正无私的规定，或是根据'守门人'个人的意见，对信息或商品是否被允许进入渠道里流动作出决定。"[①] 由此可得，网络"把关人"的职责就是过滤和加工网络舆情信息，在舆论社会中，是离不开网络"把关人"的，他就像足球场上的守门员一样守护着舆论社会，其目的是为网络受众打造出一个宽松舒适、积极健康的网络舆情空间。进入互联网时代后，传统的"把关人"作用日趋重要，在互联网空间中，大学生拥有言论自由，能够最大限度地表达自己的看法。与此同时，互联网技术不断成熟，借助互联网媒介，网络信息传播更为广泛和自由，使得信息良莠不齐、鱼龙混杂，冲击着大学生的认知，给大学生网络舆情引导造成了巨大困难。因此，要充分发挥网络"把关人"的作用，就必须高度重视网络"把关人"的数量和质量。从数量上看，最好的状态就是每个人都扮演"把关人"的角色，通过自我认知、自我判断对网络信息进行筛选，积极推动有能力、有想法的网络受众成为网络"把关人"，积极参与网络中的讨论；从质量上看，要提高网络"把关人"的素质，提高其甄别信息真伪的能力和独立思考的能力，在面对海量信息时，能够秉持不哗众取宠、不断章取义、不盲目跟从的"三不"原则，负责任地完成"把关人"的任务，也就是第一时间，客观公正地发布官方消息，揭露事情真相，传播正能量。网络"把关人"要充分发挥作用，对网络受众的思想走向了如指掌，主动引导大学生网络舆情正向发展，切实履行对

---

① 转引自张国良. 传播学原理[M]. 上海：复旦大学出版社，1995：155.

网络舆情的监管和引导职责。

③议程设置合理有效

马克斯维尔·麦库姆斯（Maxwell McCombs）和唐纳德·肖（Donald Shaw）于在最早提出"议程设置"的概念，二者认为"大众媒介往往不能决定人们对某一事件或意见的具体看法，但是可以通过提供信息和安排相关议题的方式来有效地左右人们关注某些事实和意见，以及他们对议论的先后顺序"[①]。这一理论就说明了，有目的地进行议程设置会对网络受众产生影响，使受众按照议程设置的走向进行讨论并发表观点，从而取得期望的效果。因此，设置合理有效的议程有利于对大学生网络舆情的引导。要使议程设置合理有效需要注意三个方面的问题：首先，议程必须是在充分了解和把握社会热点及网络受众关心的热点基础上得以设置的，这样才能吸引网络受众，激发其表达欲。其次，议程的设置必须有讨论的可行性，也就是说设置的议程必须能够引起受众的讨论兴趣，让受众能够参与其中，有一定的话题度，能够经得起对这一问题的深层剖析和探讨。最后，把控议程讨论的市场，及时高效地转移议程。如果长时间只针对同一个问题进行议论，就很容易诱发舆情危机，因此在舆情危机发生之前，就要跳出当前的议程讨论，积极地寻找新的社会热点问题，开启新一轮的议程设置讨论，从而减少网络受众对上一议程的讨论，避免舆情危机的发生。设置合理有效的议程，有利于大学生网络德育工作舆情引导法的有效运用，从而引导大学生网络舆情正向发展。

4. 转变教育理念实现传统方法与现代方法的结合

一是要尊重学生的主体性。在教育理念和教育实践上，应该从以往的教师主导模式转向教学相长，从一味灌输转向能力培养，从频繁说教转向寓教于乐，要把学生的主体地位凸显出来，着力培养提升他们的主体意识与能力。在教学方式方法上，应该改变传统"填鸭式""满堂灌"等教学方法，借助新媒体技术，多用专题式、讨论式、案例式的教学方法，切实将大学生德育工作的重心从传授知识转移到培养学生正确获取、选择、鉴别、使用信息的能力上来。

---

① 转引自邵培仁. 传播学导论 [M]. 杭州：浙江大学出版社，2001：134.

二是要增强交流互动。要注重运用新媒体信息即时互通互动功能，加强教师与学生之间、学校与学生之间的信息共享、交流沟通，建立教师与学生之间、学校与学生之间的信息互通互动良性关系；要注意贴近学生的实际生活，及时回应学生关注的热点问题，认真解答学生提出的各种问题和困惑。在专题网站适当增加微博评论与分享等功能，引导师生进行网上讨论、网下实践，献计献策，加强师生之间的交流与沟通，使新时代大学生德育工作方法形成传统与现代的合力，共同发挥作用，进而不断增强大学生德育工作方法的科学性与合理性。

三是推进"德育工作＋互联网"。要依托和利用互联网新媒体技术和手段，不断推进德育工作理论课教学改革，紧密结合当前社会热点难点问题组织课堂教学，找准德育工作的宣传点和学生的关注点，改变以往沉闷单调的教学形式，以启发引导学生为着手点，切实做到课堂教学既有理论深度又有现实针对性。在教学评价上，应该变传统简单的以知识考察为主的评价方法为从多个方面综合考察学生的思想政治素质，真正变"给课程打分"为"给学生评价"。总之，在新媒体时代，传统德育工作方法与以网络教育法为代表的现代德育工作方法彼此不能分离，它们二者之间相互借鉴、相互补充又相互影响。因此，针对大学生德育工作方法在运用过程中，出现的传统与现代相分离、现代与传统相割裂的现实问题，要紧扣时代脉搏，转变教育理念，既要坚守住传统德育工作方法主阵地，又要利用互联网新媒体技术手段开辟传统与现代有机结合的新阵地，使他们形成合力，共同发挥育人育才功能，为新时代中国特色社会主义培养德智体美劳全面发展的高素质人才。

（四）注重家庭社会学校协同教育

家庭教育、社会教育、学校教育作为教育的三种不同形态，在大学生德育工作过程中，既相对独立又彼此联系。其中任一教育形态的失误都可能成为学生发展进步的障碍，任两种形态的教育不协调都可能导致教育方向的逆转。新时代背景下，既要注重家庭教育、社会教育、学校教育各自的独立发展，又要重视三者之间的有机结合，唯有形成合力，将教育资源整合起来，才能共同发挥育人功能，为中国特色社会主义事业培养合格建设者和可靠接班人。

1. 多管齐下，筑牢家庭教育基础

习近平总书记在会见第一届全国文明家庭代表时指出："中华民族历来重视家庭。正所谓'天下之本在家'。尊老爱幼、妻贤夫安，母慈子孝、兄友弟恭、耕读传家、勤俭持家、知书达理、遵纪守法、家和万事兴等中华民族传统家庭美德，铭记在中国人的心灵中，融入中国人的血脉中，是支撑中华民族生生不息、薪火相传的重要精神力量，是家庭文明建设的宝贵精神财富。"①传承了几千年的中华传统家庭美德历久弥新，是中华民族每一个家庭、每一代人生活方式、交往方式、认知方式、道德判断、价值选择的标杆，是建设美好幸福家庭、进行良好家庭教育的基础和根本动力。因此，在中国特色社会主义进入新时代的历史方位下，以习近平新时代中国特色社会主义思想为指导，大力弘扬中华传统家庭美德，提升家庭教育德育工作功能，使其更好地为社会教育、学校教育保驾护航，为新时代大学生德育工作贡献力量。

首先，家长要以身作则，为子女树立榜样。学生的思想品德启蒙，首先得益于家庭，良好的家庭教育能够为学生的健康成长奠定坚实的基础。每个学生，在走进学校、步入社会之前，都已经在家庭中打下了教育基础，家庭教育给了个体最重要、最基本的衣食住行的技能和知识，使学生养成了最基本的生活习惯、沟通本领。因此，作为家庭教育的主导者，家长要以身作则，要重言传更要重身教，要真正重视家庭教育的育人功能，在给子女教知识、育品德的过程中，以身作则，帮助子女扣好扣牢"人生第一粒扣子"，迈好人生第一个台阶。

其次，传播主流价值观，弘扬中华民族传统优秀美德，筑牢家庭教育基础。新时代家庭教育既要顺应时代潮流传播主流价值观，更要紧跟时代步伐继承和弘扬中华民族传统美德。要在家庭中培育和践行社会主义核心价值观，引导家庭成员特别是青年学生一代热爱党、热爱祖国、热爱人民、热爱中华民族，坚定理想信念，树立正确的世界观、人生观、价值观，弘扬民族精神、时代精神，为学生德智体美劳全面发展夯实基础。要积极传

---

① 习近平. 习近平谈治国理政（第二卷）[M]. 北京：外文出版社，2017：353.

播中华民族传统美德，倡导忠诚、责任、亲情、学习、公益的理念，在为家庭谋幸福、为他人送温暖、为社会做贡献的过程中提高精神世界，培育文明风尚。

最后，家长要创造良好的家庭教育环境，使子女在家庭生活中受到感染熏陶。家庭教育具有亲和性、即时性、恒常性的特点，这决定了其具有其他教育方式所不具备的优势。在家庭教育环节中，家长要把握好重新认识子女、避免人云亦云、相互了解、增加与子女的交流沟通、学会"放养"等关键点。唯有如此，青年一代学生才会拥有一个既轻松舒适又不乏人文情怀的良好家庭教育环境。

总之，做好家庭教育，是社会教育、学校教育的开端和基础，拥有良好家教的学生，其品行端正，道德高尚，人格、价值观健全，走进学校、步入社会也会是品学兼优、乐观积极的好学生、好公民，而这也恰好与大学生德育工作的目标不谋而合。因此，多管齐下抓好家庭教育，是协同教育法在大学生德育工作中解决问题、发挥作用、取得进步的关键所在。

2. 加强两两合作，打造"三位一体"教育模式

发挥家庭教育对社会教育、学校教育基础作用的同时，要不断加强家庭教育与学校教育、学校教育与社会教育、家庭教育与社会教育之间的两两合作，使他们三者之间相互配合、相互影响、相互促进。加强彼此之间的联系，致力于打造家庭、社会、学校"三位一体"的德育工作模式，不断丰富和完善协同教育法的相关理论与实践探索。

首先，家庭教育与学校教育合作。大学生德育工作合作探索最丰富、效果最明显的是家庭教育与学校教育之间的合作，学校教育和家庭教育有共同的目标，那就是促进学生德智体美劳全面发展。因此，可通过家庭和学校的及时沟通，确保学生远离社会不良现象，家庭、学校共同教育引导，使学生能够明辨是非、分清善恶，培育健全人格，树立积极向上的价值观。家庭教育与学校教育合作可谓是一项"多赢"的策略：通过电话联系、家长会等途径，使得家长与学校实现双向沟通，及时掌握学生的思想行为特点并做到即时反馈、即时调整，家长协助学校解决子女生活上、学习上、情感上遇到的种种问题，这可以有效促进学生的健康成长与学习进步。而应用家长联系册、定期召开家长座谈会、建立家校信息互动平台、对家长

进行相关培训等形式，也可以提高家长的家庭教育素养，拓展他们的人际关系。在这个双向互动的教育过程中，最终形成家庭与学校紧密联系、学生综合素质得到提高、家长教育素养得到提升、学校教学与管理模式得到创新的多赢局面。

其次，学校教育与社会教育合作。一方面开放学校教育资源，充分发挥学校教育的育人功能，把学校教育社会化与社区文明建设融合在一起，营造健康良好的社区育人环境。同时，建立教师进社区制度，深入挖掘社区教育资源，构建教育体系，不断促进社区资源教育化。条件允许的地方，可以选派优秀公安干警或其他司法人员，进入学校给学生上法治教育课，使学生懂法律常识，树立法治意识，学会如何维护自身合法权益。另一方面建立校外辅导员制度，选聘优秀党员和有经验人士担任校外辅导员。要充分发挥校外教育工作平台的功能，向社会拓展学校的教育空间，与校外教育机构、社会企业、公共组织建立经常性联系，充分挖掘和利用物化环境所包含的教育功能，并建立社会服务、艺术活动、公益劳动、社会实践等相对稳定的系列校外教育基地，有计划地组织校外教育活动。

最后，社会教育与家庭教育合作。社会既连着家庭，又连着学校，它是构建"三位一体"教育模式的重要依托和平台。社会教育与家庭教育合作的途径有三个层面。第一层面是社区教育与家庭教育的合作，通过欢度传统节日，组织学生参观历史博物馆、科技馆和文化艺术馆等形式，使他们在各种活动中潜移默化地受到教育；第二层面是实现资源共享，社会组织、企业等支持家庭教育，解决贫困家庭子女上学、就业等问题，免费为家庭提供设施资源、财力资源、文献资源及组织资源等，从各个方面为家庭减轻负担；第三层面是家庭教育与大众传媒的合作，利用互联网多媒体技术和手段搭建新型教育交流平台，通过传媒教育来提高学生的媒介素养，使他们对媒介信息有正确选择、甄别、鉴赏、评价的能力。

总之，做到家庭、社会、学校的协调统一，加强三者之间的联系，实现彼此支持、彼此配合、彼此影响的良好局面，就能做到大学生德育工作过程中协同教育法的有效运用。只要这三者优势互补，共同发挥作用，那么目前大学生德育工作出现的问题及协同教育法出现的问题都会得到有效解决。因此，家庭教育、社会教育、学校教育不能彼此孤立，要紧密联系、互促互进，只有这样才会顺利达成新时代大学生德育工作目标。

（五）重视实践锻炼法的有效运用

实践锻炼法的有效运用，不但有利于理论与实践相结合，更有利于"知"与"行"相统一。我国当前大学生德育工作教学过程中，忽视了对实践锻炼法的运用，导致教师很少将学生面临的社会道德问题与现实问题联系起来，存在理论与实践相脱节的严重问题。教师缺乏对学生日常生活中道德实践的具体指导，抑制了学生关心社会、了解现实的积极性与主动性。因此，新时代大学生德育工作要以习近平新时代中国特色社会主义思想为指导，贴近生活、贴近社会、贴近现实，通过开展劳动教育、推进社会服务活动、进行社会考察等形式，来丰富和完善实践锻炼法的理论创新和实践探索。

1. 开展劳动教育，强化大学生的劳动观念

实践锻炼法的主要方式就是劳动教育，新时代背景下，重视劳动教育，强化大学生劳动观念、劳动意识，具有深远意义。大学生亲身体验劳动生产实践过程，从而使他们养成良好的劳动习惯，树立正确的劳动观念。劳动教育不单是智慧之树，而且是人文素质内化的有效途径，加强对大学生的劳动教育，有利于使他们形成良好的心理素质和道德品质。因此，可以从以下两方面对这一部分进行阐述。

第一，开设劳动课程，明确人文理念。劳动教育课毫无疑问应该被纳入高校德育工作的教学计划中，但是要明确一点，它不是以训练学生掌握何种生产劳动技能为终极目标，而是要让学生在劳动实践中，提高为人处世的能力。因为大学生德育工作真正对学生起能动作用的，不是在校期间获得的冷冰冰的卷面分数，而是学生在整个受教育过程中，得到思想水平、政治觉悟、道德品质、文化素养的提升，以及在日积月累中形成的稳定品质。因此，可以结合学生所学专业进行专业实践劳动，还可以让他们参加校园安全管理、公共卫生、秩序维持等校内服务性劳动，以及勤工俭学、科技服务、社会调查等社会实践活动。在整个劳动过程中，使学生既服务他人、教育他人，又服务自己、教育自己，经过切身体验后，让他们领悟生活的真谛，学会合作、学会担当，懂得勤俭节约、吃苦耐劳，发现真善美，并明白知足常乐的大道理。通过劳动教育，使学生体会到，劳动不仅仅是一种需要，

也是一种美德。

第二，组织劳动，树立人文精神。俗话说：人民是最好的老师，实践是最好的学习。广大青年学生要积极投身劳动实践中去，在实践中汲取知识、增长才干、锻炼自我。高校德育工作者要结合学生所学专业，开展针对性、实效性强的社会调查、田野访问、科技文化卫生服务等活动，使他们深入社会基层，接触工农群众，并在这些实践过程中形成自立自强、不畏艰苦、扎实肯干的优良品质，将读书、做事、做人统一到一个层面上，真正做到知行统一。体验劳动之艰辛、民生之疾苦，激发学生强烈的社会责任感和历史使命感，使他们真正成为对社会、对国家、对人民有用的栋梁之材。

总之，在中国特色社会主义进入新时代的全新历史方位，在撸起袖子加油干的黄金时代，开展劳动教育、重视劳动教育，不仅对大学生本身树立正确价值观、养成良好道德品质具有非凡的意义，而且对新时代大学生德育工作过程中有效运用实践锻炼法，并使其发挥强大育人功能具有重大意义。

2. 推进社会服务活动，提升大学生的积极性

社会服务活动是通过鼓励大学生出于奉献社会、自我发展的目的，利用业余时间自发组织或参与的为社会、为他人提供力所能及的服务与帮助的活动方式，是大学生社会性发展的过程。社会服务活动能够帮助大学生在实践过程中树立责任意识、道德意识，为步入社会打下良好基础。社会服务活动是实践锻炼法进行德育工作所运用的重要方式之一，是学生自愿无偿参加有组织、有目的的实践活动，旨在体现大学生的自觉主动性和积极性。因此，重视社会服务活动，有利于提升大学生对生活、对学习的热情和兴趣，也有利于实践锻炼法在新时代大学生德育工作过程中发挥良好作用。

高校可以开展着眼于营造良好社会风气的志愿服务活动，也可以开展着眼于大型社会活动顺利进行的志愿服务活动，还可以开展着眼于扶危济困的志愿服务活动，积极引导大学生自愿参加这些社会服务活动，使他们关注社会，关注国计民生，从而形成良好的责任意识和道德意识。大学生在为社会服务、帮助他人解决困难和处理矛盾的过程中，可以体验责任关系和道德关系，通过与社会的紧密接触，掌握科学理性的认知方法，形成

正确的思想行为观念，树立良好的责任意识、担当意识和道德意识，从而不断提高自身解决问题和处理矛盾的能力，养成独立思考的能力，不断适应社会发展的需要，成为对国家、对社会有用的高素质人才。

社会服务活动对大学生德育工作起到的正强化作用，使得新时代大学生德育工作更具感染力和吸引力，也使得实践锻炼法在实际运用中的实效性得到增强。所以，大力推进社会服务活动，启发大学生对社会、对生活、对人生进行思考，不断调动他们的主动性，从而使新时代大学生德育工作取得事半功倍的教育效果。

3. 做实社会考察突出大学生的主体性参与

社会考察重在突出大学生的主体性。社会考察是高校德育工作者有组织、有目的地引导学生去认识和探索社会现象、分析社会问题，以提高其思想认知高度的教学手段和方式。作为实践锻炼法的又一基本教育方式，社会考察的目的就是帮助大学生深入社会实际，接触社会现实，理性分析和科学判断社会现象、社会问题。社会考察的范围十分广泛，可以通过参观名胜古迹、革命圣地、博物馆、艺术馆及各种历史文化遗址等进行爱国主义教育、理想信念教育、公民道德教育、素质教育，培育民族精神和时代精神，也可以到工厂、农村、社区参观访问，进行社会调研，了解国计民生，体验生产劳动，了解改革开放和中国特色社会主义取得的辉煌成就，树立人文情怀。

社会考察的目的是希望大学生自己动脑、动手、动口，到社会一线阵地进行实地勘察、调研、访问，获得第一手材料，然后通过总结整理、分析思考得出一些解决社会问题和现实矛盾的正确办法及手段，科学地指导相关实践活动。所以，社会考察这一方法既有助于提升大学生的主体性参与，还有助于提高他们的逻辑思维能力和动手能力，更有利于他们理性辩证地分析问题和处理问题，使他们能够主导自己的思想，进而明辨是非、分清善恶。近年来，我国各大高校组织大学生到革命圣地、改革开放前沿阵地和社会经济发展成效显著的地方进行参观考察，使大学生深层次地了解中国革命和社会主义建设的历史，亲身感受改革开放后我们国家取得的举世瞩目的成就和喜人的变化。并以此进一步提升大学生对党、对祖国的热爱之情，增强他们的民族自豪感和历史使命感，激励他们为成为一名中国特色社会主义合格建设者和可靠接班人而不断努力奋斗。

总之，社会考察方法对于大学生自身思想品德的形成发展，以及实践锻炼法在新时代大学生德育工作过程中的有效运用，都具有十分重大的意义。对它的理论研究和实践探索应给予高度重视，唯有这样，新时代大学生德育工作的方法、内容、目标等才会更加丰富、更加完善，实践锻炼法才能更好地发挥它的育人功能。

参 考 文 献

[1] [德]乔治·凯兴斯泰纳. 工作学校要义[M]. 刘钧贻，译. 北京：商务印书馆，1936.

[2] 梅贻琦. 大学一解[J]. 清华学报，1941（01）.

[3] 舒新城. 中国近代教育史资料（中册）[M]. 北京：人民教育出版社，1980.

[4] 冯友兰. 中国哲学史新编（第一册）[M]. 北京：人民出版社. 1981.

[5] [加拿大]班杜拉. 社会学习心理学[M]. 郭占基，译. 长春：吉林教育出版社，1988.

[6] 张国良. 传播学原理[M]. 上海：复旦大学出版社，1995.

[7] 蔡元培. 孑民自述[M]. 南京：江苏人民出版社，1999.

[8] 赫钦斯·K.M. 美国高等教育[M]. 汪利兵，译. 杭州：浙江教育出版社，2001.

[9] 王瑞荪. 比较德育工作学[M]. 北京：高等教育出版社，2001.

[10] 邵培仁. 传播学导论[M]. 杭州：浙江大学出版社，2001. .

[11] [美]杜威. 道德教育原理[M]. 王成绪，等，译. 杭州：浙江教育出版社，2003.

[12] 项久雨. 德育工作价值论[M]. 北京：中国社会科学出版社，2003.

[13] 张耀灿，徐志远. 现代德育工作学科论[M]. 武汉：湖北人民出版社，2003.

[14] 牟宗三. 为学与为人[J]. 中国大学教学. 2003（01）.

[15] 刘世定，邱泽奇. "内卷化"概念辨析[J]. 社会学研究，2004（05）.

[16] 袁桂林. 当代西方道德教育理论[M]. 福州：福建教育出版社，2005.

[17] [美]凯斯·R. 桑斯坦. 信息乌托邦——众人如何生产知识[M]. 毕竟

悦，译. 北京：法律出版社，2008.

[18] 胡凯. 现代德育工作心理研究[M]. 长沙：湖南人民出版社，2009.

[19] 苏振芳. 当代国外德育工作比较[M]. 北京：社会科学文献出版社，2009.

[20] 谭蔚沁. 论马克思"人的全面发展理论"与大学生创业教育[J]. 思想战线，2009（05）.

[21] 刘勋昌，胡凯. 论新形势下德育工作者的审美修养[J]. 思想理论教育导刊，2009（12）.

[22] 教育部思想政治工作司组编. 大学生德育工作与管理比较研究[M]. 北京：高等教育出版社，2010.

[23] 陈万柏，张耀灿. 德育工作原理[M]. 北京：高等教育出版社，2010.

[24] 张耀灿. 对"德育工作原理"的重新审视[J]. 学校党建与思想教育，2011（28）.

[25] 马俊峰. 马克思主义价值理论研究[M]. 北京：北京师范大学出版社，2012.

[26] 李德顺. 价值论—— 一种主体性的研究）[M]. 北京：中国人民大学出版社，2013.

[27] 董德福. "中国梦"的历史嬗变与实现路径[J]. 江苏师范大学学报（哲学社会科学版），2013（05）.

[28] 蒙秋明. "中国梦"：大学生德育工作的新内容[J]. 贵州社会科学，2013（07）.

[29] 肖贵清. 实现中国梦的根本途径、精神支撑、力量之源[J]. 思想理论教育，2013（11）.

[30] 骆郁廷，史姗姗. 中国梦教育：大学生德育工作新课题[J]. 思想理论教育，2013（17）.

[31] 教育部思想政治工作司组编. 加强和改进大学生德育工作重要文献选编（1978—2014）[M]. 北京：知识产权出版社，2015.

[32] 王丽，罗洪铁. 大学生德育工作个体价值与相关概念的辨析[J]. 思想教育研究，2016（07）.

[33] 傅雅琦，蓝少鸥. 大数据时代的高校德育工作变革[J]. 黑龙江高教研

究》2016（09）.

[34] 胡焱. "中国梦"融入大学生德育工作的路径选择[J]. 学校党建与思想教育，2016（24）.

[35] 张亚丹. 大学生德育工作价值论[M]. 北京：人民出版社，2017.

[36] 周业兵，李荣新. 论高校思想政治课思想性与审美性的统一[J]. 合肥学院学报，2017（03）.

[37] 朱小曼. 中国梦融入大学生德育工作的内容之维度分析[J]. 思想理论教育导刊，2017（04）.

[38] 骆郁廷. 德育工作引论[M]. 北京：中国人民大学出版社，2018.

[39] 刘雪纯，穆阳. "中国梦"对提升大学生思政教育的研究[J]. 改革与开放，2018（07）.

[40] 王丽. 德育工作价值结构研究[M]. 北京：中央编译出版社，2019.

[41] 章小谦. 孔子"有教无类"思想新探[J]. 大学教育科学，2019（04）.

[42] 富旭，侯劭勋. 大学生德育工作媒介化建构论析——基于对"00后"大学生德育工作新问题的探讨[J]. 思想理论教育，2019（05）.

[43] 项久雨. 品读"00后"大学生[J]. 人民论坛，2019（09）.

[44] 黄蓉生. 新中国70年大学生德育工作发展的理论与实践逻辑[J]. 德育工作研究，2020（01）.

[45] 西南大学新学工创新中心课题组，孙楚航. 新冠肺炎疫情对青年大学生影响研究——基于全国45所高校19850名大学生的实证调查[J]. 中国青年研究，2020（04）.

[46] 田丰. 当代社会思潮对青年群体的影响研究[J]. 人民论坛，2020（04）.

[47] 袁芳. 数字经济背景下精准思政的特点、动因和发展策略[J]. 思想理论教育，2020（12）.

[48] 蔺小清，张利军. "00后"大学生消费现状调查与行为引导研究[J]. 中外企业家，2020（15）.